오늘, 만족하기로 했습니다

주님 앞에서 염려는 내려놓고 신뢰를 붙잡는 삶

# 오늘, 만족하기로 했습니다

린다 딜로우 지음
구지원 옮김

좋은씨앗

Calm My Anxious Heart
Copyright © 1998 by Linda Dillow
Originally published in the USA under the title
*Calm My Anxious Heart* by NavPress,
a division of The Navigators, U.S.A.
All rights reserved.

Korean Copyright © 2005 by GoodSeed Publishing Company

This edition published by arrangement with NavPress through rMaeng2,
Seoul, Republic of Korea.

## 오늘, 만족하기로 했습니다

초판 1쇄 발행  2005년 5월 25일
재조판 1쇄 발행  2021년 2월 28일

지은이  린다 딜로우
옮긴이  구지원
펴낸이  신은철
펴낸곳  좋은씨앗
출판등록  제4-385호(1999. 12. 21)
주소  서울시 서초구 바우뫼로 156, 402호
전화  (02)2057-3041 팩스 / (02)2057-3042
전자우편  good-seed2@daum.net
페이스북  facebook.com/goodseedbook

ISBN 978-89-5874-351-4 03230

이 한국어판의 저작권은 알맹2 에이전시를 통해 NavPress와 독점계약한 좋은씨앗에 있습니다.
신저작권 법에 의해 한국 내에서 보호받는 저작물이므로 무단 전재와 무단 복제를 금합니다.

만족하는 삶이란 하나님의 손에서 나오는 선물을
받아들이냐 마느냐의 문제다. 우리는 하나님이 선하시며
따라서 그분이 주시는 선물 역시 선하다는 사실을
이미 알고 있기 때문이다.

**제임스 패커**

| 차례 |

1. 만족을 찾아 떠나는 여정   9
2. 만족하지 못하는 것 : 환경   24
3. 만족하지 못하는 것 : 나   43
4. 만족하지 못하는 것 : 내 역할   62
5. 만족하지 못하는 것 : 관계   81
6. 만족의 방해물 : 욕심   100
7. 만족의 방해물 : 잘못된 초점   118
8. 만족의 방해물 : 염려   138
9. 믿음 : 모든 것의 기초   160
10. 앞으로 닥칠 일에 대해 하나님 신뢰하기   180
11. 이미 일어난 일에 대해 하나님 신뢰하기   195
12. 이해되지 않아도 하나님 신뢰하기   212

독자에게 보내는 편지   230
미주   236

내가 궁핍하므로 말하는 것이 아니니라
어떠한 형편에든지 나는 자족하기를 배웠노니
나는 비천에 처할 줄도 알고 풍부에 처할 줄도 알아
모든 일 곧 배부름과 배고픔과 풍부와 궁핍에도 처할 줄 아는
일체의 비결을 배웠노라
내게 능력 주시는 자 안에서 내가 모든 것을 할 수 있느니라.

**빌 4:11-13, 사도 바울**

/ 1

만족을 찾아 떠나는 여정

메러디스는 우리 집 부엌 의자에 몸을 파묻었고, 나는 그녀의 비참한 인생에 대한 푸념을 들어야 했다. 일전에 그녀는 어떻게 하면 보다 만족스럽게 살지에 대해 나랑 얘기하고 싶다고 했었다. 메러디스는 내가 이제껏 만난 사람 중에 가장 부정적인 사람이었다. 겉보기에도 그렇게 보일 정도였다!

우리가 안에서 바라본 모습, 즉 우리가 스스로에 대해 생각해온 모습은 궁극적으로 우리의 말과 행동으로, 심지어는 표정으로도 드러난다. 메러디스의 태도와 표정은 빌립보서 4장 8절의 말씀을 생각나게 했다. "끝으로 형제들아 무엇에든지 참되며 무엇에든지 경건하며 무엇에든지 옳으며 무엇에든지 정결하며 무엇에든지 사랑 받을 만하며 무엇에든지 칭찬 받을 만하며 무슨 덕이 있든지 무슨 기림이 있든지 이것들을 생각하라." 메러디스의 인생은 그녀의 부정적인 생각과 태도를 그대로 옮겨놓은 것 같았다.

그러나 사실 메러디스의 인생은 적지 않은 사람들이 맞바꾸고 싶어할 만한 것이었다. 비극과는 거리가 멀었다. 그녀는 건강했고, 특별한 노력 없이도 유지되는 선천적으로 날씬한 체구, 자기를 아껴주는 남편, 사랑스런 두 아이, 그리고 최근에는 남편이 그녀를 위해 새 소파까지 사주었다.

나는 하나님이 그녀에게 좋은 것들을 많이 주셨는데도 왜 그토록 불행한지를 물었다. 그녀는 서슴없이 자기의 불만을 털어놓았다. 우선, 하나님은 그녀에게 집을 주지 않으셨다. 그녀는 자기 '소유의' 집을 원했다. 그녀는 자기가 그만한 자격이 있다고 믿었다. 그 다음, 남편이 문제였다. 물론 남편은 그녀를 사랑했다. 하지만 그가 얼마나 결점이 많은 사람인지 예전엔 미처 몰랐다고 했다. 아이들도 문제였다. 물론 사랑스럽지만 그 아이들에 대해서도 (나는 도무지 그 이유를 모르겠는데) 부정적이었고 불평이 많았다!

메러디스는 눈가리개를 한 채 달리는 말처럼 다른 길은 보지 못하고 있었다. 그녀는 시선을 돌이켜 위로 향하고 하나님을 바라보거나 자기가 받은 복을 헤아리는 법이 결코 없었다. 그녀에겐 더러워진 시야, 즉 만족하지 못하는 불경건한 습관이 있을 뿐이었다.

## 만족은 영원의 관점에서 시작한다

메러디스와 달리 엘라의 인생이야말로 역경의 연속이었다. 하지만 엘라에게는 만족할 줄 아는 경건한 습관이 있었다. 엘라의 시야는 깨끗했고 그녀는 영원의 관점으로 살고 있었다.

여기서 내가 말하는 '관점'(perspective)이란 무슨 뜻인지 살펴보자. 웹스터 사전은 이 단어를 '꿰뚫어 보는 것, 분명하게 보는 것, 사물을 상대적인 중요도에 따라 정확하게 보는 능력'이라고 정의했다. 나는 이 단어를 '보는 방식'으로 정의하려고 한다. 그러므로 '영원의 관점'이란 하나님이 '보시는 방식'이다. 우리가 하나님의 관점을 가지면 하나님의 시각으로 인생을 보고 중요도를 평가한다. 이것이 바로 엘라의 태도였다.

엘라는 선교사로 남편을 따라 아이들과 함께 52년 동안 아프리카의 가난한 이들에게 복음을 전했다. 그녀는 친숙했던 모든 것과 고향, 친구들을 떠났다. 엘라는 자신의 생활을 말할 때 아프리카 시골의 타는 듯한 무더위와 습도로 설명하지 않는다. 전기, 에어컨, 현대식 편의시설들이 그림의 떡에 불과한 환경에서 편안한 생활을 할 수 없었던 것은 틀림없다. 어떤 날은 견딜 수 없을 만큼 무더워서 온도계를 실내로 들여와야 했던 적도 있었다. 섭씨 49도를 넘기면 온도계가 망가지기 때문이었다.

엘라의 딸 미미는 나의 친구다. 가장 뚝심이 센 사람도 불평이 나올 만한 상황에서 어머니가 어떻게 이 일을 감당했고 만족하는 삶을 살았는지 미미는 놀라워했다. 그러다가 최근 들어 미미는 금이나 은보다 훨씬 더 귀한 보물을 얻었다. 어머니의 오래된 일기장에서 그런 만족을 얻는 법을 발견한 것이다.

- 나는 어떤 것에 대해서도 (심지어 날씨조차도) 불평하지 않겠다.
- 다른 환경이나 다른 장소에 있는 나의 모습을 그리지 않겠다.
- 나의 몫을 남의 것과 비교하지 않겠다.
- '이것 혹은 저것이 지금과 달랐더라면'이라고도 가정하지 않겠다.
- '내일'에 대해 깊이 생각하지 않겠다. 내일은 하나님께 속한 것이지 우리에게 속한 것이 아님을 기억하자.[1]

이 말은 나를 압도했고 부끄럽게 했다. 어떻게 엘라는 땀방울이 몸을 타고 흐르며 곰팡내나는 습한 공기로 잠을 못 이루면서도 날씨에 대해 불평하지 않을 수 있었을까? 어떻게 엘라는 매일매일 메러디스와는 전혀 다른 것에 초점을 맞출 수 있었을까? 그 비밀은 그녀의 마지막 말에 들어 있다. 그녀의 눈은 영원한 것에 고정되어 있었다. 그녀의 미래는 하나님께 속해 있었다. 그녀는 미래를 하나님께 드렸다. 그녀의 모든 미래가 하나님의 강하신 팔 안에 든든히 놓여 있기 때문에 오늘을 사는 데 있어 자유로웠다. 어느 날 한 순간 그녀는 올바른 선택을 하게 되었고 만족할 줄 아는 경건한 습관을 가지게 되었다. 엘라는 '영원한 것'에 집중했고, 이것이 그녀를 내적인 '만족'으로 이끌었다.

## 만족은 내면에서 일어난다

엘라는 자기의 환경에서 벗어나 영혼의 충만함과 평안을 소유했다. 우리는 대개 만족의 근거를 자신의 환경, 감정, 혹은 타인에게 둔다. 하지만 만족이란 마음의 상태이지 상황이나 형편의 어떠함을 가리키는 것이 아니다.

헨리 6세 시절에 셰익스피어는 내적인 만족을 다음과 같이 시적으로 표현했다. 왕이 국토를 순회하다가 두 명의 사냥터지기를 만난다. 왕은 그들에게 자신이 왕임을 알려준다. 그러자 그들 중 하나가 이렇게 묻는다. "하지만, 만약 당신이 왕이라면 왕관은 어디에 있죠?" 왕은 대답한다.

내 왕관은 머리 위에 있는 게 아니라 마음속에 있네.

다이아몬드나 인도의 보석으로 장식하지 않았고,

눈에 보이지도 않지.

내 왕관은 만족이라 불린다네.

이 왕관은 다른 왕들이 좀처럼 누리기 힘든 것이지.[2]

당신은 '만족'이라 불리는 이 왕관을 쓰고 있는 사람들을 얼마나 아는가? 아마 한 손 안에 들어올 것이다. 하지만 불만족에 빠져 사는 사람을 꼽으려면 손가락은 물론 발가락까지 동원해야 할 것이다! 만족하는 삶이란 드물다. 하지만 가능한 일이다.

## 만족의 비밀

사도 바울은 빌립보서에서 놀라운 고백을 한다.

> 내가 궁핍하므로 말하는 것이 아니니라 어떠한 형편에든지 내가 자족하기를 배웠노니, 내가 비천에 처할 줄도 알고 풍부에 처할 줄도 알아 모든 일 곧 배부름과 배고픔과 풍부와 궁핍에도 일체의 비결을 배웠노라. 내게 능력 주시는 자 안에서 내가 모든 것을 할 수 있느니라 (빌 4:11-13).

바울을 생각해 보면 이 구절이 얼마나 놀라운지 알 수 있다. 그의 삶은 전혀 긍정적이지 못한 상황들로 가득했다. 그가 빌립보 성도들에게 편지를 쓸 때는 어둡고 음산한 감방에 갇혀 있을 때였다. 거기에는 요즘의 감옥이라면 당연히 갖추고 있는 위생시설, 난방시설, 운동시설도 없었다. 그는 감시 속에 쇠사슬로 묶여 지냈다. 그는 철저히 혼자였다. 나는 바울이 그리스도를 위해 자기가 하는 일들이 정말로 중요할까 몇 번은 고민했으리라 확신한다.

바울은 지독히도 힘들게 살았다. 그는 죽기 직전까지 맞았고, 끊임없이 오해를 받았으며, 친구들로부터 버림을 받았다. 바울의 형편은 대부분 속박 당하는 삶의 연속이었다. 하지만 그는 "어떠한 형편에든지 자족하기를 '배웠다'"고 말한다. 믿어지지 않는다! 만족이 학습된다는 것이다! 이 말은 곧 당신과 내가 만족을 배울 수 있다는 뜻이 아닌가!

바울은 어떠한 형편에든지 만족하기를 배웠다는 독특한 선포에 뒤이어 '어떻게'의 비결을 말한다(빌 4:13). 자주 인용되는 이 구절의 헬라어 원문을 문자적으로 번역하면 이렇다. "나는 나에게 능력 주신 자에 의해 어떤 상황도 용감히 직면할 수 있다." 당신은 왜 바울이 자족함에 대해 담대히 선포한 후에 이 구절을 말했는지 궁금한 적이 없었는가? 바울은 모든 그리스도인의 만족의 근원과 힘이 하나님께 있음을 깨달았다.[3]

내가 가장 좋아하는 빌립보서 4장 13절의 번역은 헬라어 학자 케네스 웨스트의 번역이다.

"나는 끊임없이 내게 힘을 불어넣으시는 자 안에서 모든 것을 긍정적으로 마주한다."[4]

그리스도는 '모든 상황에서 언제나' 만족에 필요한 힘을 공급하실 수 있고 또 기꺼이 그렇게 하신다. 우리의 연약한 육체와 영혼에 그리스도의 힘이 주입될 때 만족이 생긴다. '주입하다'(infuse)는 것은 '쏟아붓다, 채우다, 흠뻑 적시다, 우려내다' 등을 의미한다. 매일 아침 끓는 물에 찻잎 주머니를 담글 때마다 우리는 주입되는 것을 목격하는 셈이다.

하나님은 우리를 어떻게 만족하게 하시는가? 말씀을 통해 만족을 '주입'하신다. 하나님의 말씀이 마음에 스며들어 우리를 변화시킨다.

차 맛은 찻잎을 오랫동안 우려낼 때 진해진다. 이와 마찬가지로, 우리도 하나님의 말씀 안에 오랫동안 머물면서 하나님의 말씀이 삶에 스며들게 하여 그분과 같이 변화될 때 더욱 만족하게 된다.

### 통제에서 만족으로

모든 것을 통제하려던 나의 오만한 방법론이 실패로 돌아간 15년 전, 만족을 찾아 떠나는 여정은 시작되었다. 모든 게 제대로 굴러가지 않는다고 느낀 것은 통제되지 않는 나의 삶 때문이었다.

당시 두 아이들이 사춘기에 접어들면서 빗나가기 시작했다. 나는 대학시절에 그리스도인이 되었고 크리스천 가정에서 자녀를 양육하는 것이 좋았다. 그래서일까, 잘못된 관점을 갖게 되었다. 아이들에게 '올바른' 것(하나님과 성경)을 주입하면 아이들이 자동적으로 하나님을 사랑하고 그분께 순종하리라고 생각했던 것이다. 내 계획대로 움직여지지 않는다는 사실을 깨달았을 때, 내 마음은 불안했고 나는 침체에 빠지기 시작했다.

내가 친구에게 두려움을 털어놓았을 때, 그녀는 "린다, 너는 통제하길 좋아하지. 하지만 인생엔 '통제할 수 없는' 일들이 너무 많이 일어나잖니"라고 말했다. 그때 나는 그 말의 의미를 이해하지 못했다. 어쨌든, 나는 하나님을 신뢰했다. 나는 선교사였고 하나님을 신뢰하라고 사례비를 받고 있었으니 말이다. 그런데 '너는 통제하길 좋아한다'는 친구의 말은 무슨 의미였을까?

되돌아보면, 나는 하나님을 신뢰하려고 했지만 종종 하나님이 매우 느리시다고 생각했었다. 하나님이 달팽이의 속도로 움직이신다고 여겨질 때, 나는 무의식적으로 하나님은 내 도움이 필요하다고 결론지었다. 그리고 행동에 나섰다. 하지만 상황을 '회유'하고(실은 '조작'이 더 맞지만 '회유'가 듣기엔 더 좋다) 사람을 조종하기 위해 내가 끼어들 때, 내 행동은 "하나님, 당신은 제가 볼 때 꼭 해야 할 일들을 안 하고 계시군요. 그러니 제가 도와드리겠습니다"라고 말하는 듯했다. 이런 '하나님을 도우려는' 노력이 우리의 마음을 불안하게 한다. 우리가 상황을 맡아 통제하려고 할 때, 우리는 참된 주권자에게서 눈을 돌려 환경만을 바라보게 된다.

당시 성경의 두 구절이 나를 이끌었다. 나는 이를 암송하고 마음에 적었으며 그대로 살기로 결심했다. 첫 번째 구절. "하나님은 복되시고 유일하신 주권자이시며 만왕의 왕이시며 만주의 주시요"(딤전 6:15).

나는 이 말씀에서 발견한 진리를 묵상했다. 누가 내 인생을 다스리시는가? 하나님이시다. 하나님은 어떤 통치자이신가? 복되신 통치자이시다. 제임스 패커의 말을 빌리자면, "만족하는 삶이란 하나님의 손에서 나오는 선물을 받아들이느냐 마느냐의 문제다. 우리는 하나님이 선하시며 따라서 그분이 주시는 선물 역시 선하다는 사실을 이미 알고 있기 때문이다."[5]

두 번째 구절은 "여호와는 나의 산업과 나의 잔의 소득이시니 나의 분깃을 지키시나이다"(시 16:5)였다.

1 만족을 찾아 떠나는 여정 17

엘리자베스 엘리엇이 시편 16편 5절에 관해 남긴 말은 많은 생각을 하게 한다.

내 평생에 이보다 더 마음을 단순하게 하는 말씀은 없다. 모든 사건은 예외 없이 누군가의 분깃으로 할당된다. 지적으로 동의하기 어려운가? 우리에게 일어나는 일들 중에 우리에게 사랑으로 할당된 '분깃'이 아니었다고 할 만한 게 과연 있을까?('이건 맞는데, 저건 아니야' 하고 말이다.) 그럴 경우, 전능자의 통제를 벗어난 일이 있단 말인가? 내게 할당된 모든 것은 나의 영원한 선(善)을 위해 하나님에 의해 측정되고 통제된다. 내가 이 주어진 분깃을 받아들일 때, 다른 선택권은 취소되는 것이다. 그래서 결정은 더욱 쉬워지고, 방향은 더 명확해지며, 마음은 말로 표현할 수 없을 만큼 평온해진다. 평온한 마음은 하나님이 주신 것에 만족한다.[6]

엘리자베스 엘리엇은 이 통제 불가능한 세상에서 누군가가 자기 인생을 '통제하고 있음'을 알았다. 그녀는 자기가 아닌 하나님께 지휘권을 맡겼기에 만족할 줄 아는 여성이었다.

### 찻잔 신학

자, 앞서 말한 차(茶) 분석으로 돌아가보자. 하나님은 우리를 고유하고 특별한 찻잔으로 선택하셨다. 우리는 금으로 수놓은 우아한 장미가 그려진 고풍스런 잔일 수도 있다. 혹은, 실용적이긴 해도 이가 빠져버린 평범한 잔일 수도 있다. 또한 투박하지만 튼튼하고 많은 양을 담을 수 있어서 막중한 임무를 맡는 머그잔일 수도 있다.

그 다음 하나님은 우리의 잔을 분깃으로 채우신다. 그 분깃은 하나님이 최선으로 결정하신 것이다. 우리의 분깃은 우리의 신체와 정서, 능력, 환경, 역할, 그리고 관계들을 말한다.

때때로 우리는 잔에 담긴 내용물이 달갑지 않다. 겟세마네 동산의 주 예수님을 기억하는가? 예수님은 곧 닥쳐올 고난을 아시고 이렇게 기도하셨다. "아버지여 만일 아버지의 뜻이거든 이 잔을 내게서 옮기시옵소서. 그러나 내 원대로 마시옵고 아버지의 원대로 되기를 원하나이다"(눅 22:42). 그리스도는 잔을 들어 하나님께 올려드리며 "내 분깃을 받아들이나이다. 이 잔을 마실 수 있게 아버지께서 힘을 주옵소서"라고 말씀드렸다.

섬세한 도자기이든, 대충 만든 오지그릇이든, 모든 잔에는 고유한 분깃이 있다. 하나님은 우리의 잔에 우리의 분깃을 두셨다. 우리는 우리의 잔을 들어 하나님께 올려드리며 "내 분깃을 받아들이고 이 잔을 받겠습니다"라고 말하든지, 아니면 우리의 잔을 내던지며 "하나님, 내 분깃을 거절하겠습니다. 이 잔의 크기는 내게 맞지도 않고, 담아주신 것도 좋지 않습니다. 내 스스로 내 인생을 다스리겠습니다"라고 말하든지 둘 중 하나를 선택한다.

## 만족을 찾아 떠나는 나의 여정

만족이란, 하나님이 인생의 모든 환경을 주권적으로 통제하시도록 그분의 다스리심을 받아들이는 것이다. 하나님께 "당신만을 신뢰하려고 노력했지만, 거기에 내 스스로의 노력이 너무 많이 섞여버렸어요"라고 말하는 건 비참한 일이다.

다음 이야기는 두 수도사에 관한 이야기로, 나의 통제권과 하나님의 통제권을 한 눈에 비교해 볼 수 있도록 도와준다.

"기름이 필요합니다." 늙은 수도사가 말했다. 그래서 그는 감람나무 묘목을 심었다. "주님, 여린 뿌리가 먹고 자랄 수 있는 비가 필요해요. 부드러운 소나기를 보내주세요." 그러자 주님은 부드러운 소나기를 보내주셨다. 수도사는 기도했다. "주님, 나무에겐 햇빛이 필요해요. 태양을 비춰주세요. 주님, 간구합니다." 그러자 구름 사이로 햇빛이 미끄러지듯 내리비쳤다. "나의 주님, 이제는 서리를 내려주세요. 세포를 지탱하려면 서리가 필요해요"라고 수도사가 외쳤다. 그런데 이런! 어린 나무는 서리를 맞고 반짝이며 서 있다가, 저녁이 되자 그만 죽고 말았다. 이 수도사는 다른 수도사의 방을 찾아가 그 이상한 경험을 말해 주었다. 그러자 "나도 작은 나무를 심었지"라고 다른 수도사가 말했다. "보게나! 그 나무는 이렇게 잘 자라고 있다네. 나는 나무를 하나님께 맡겼지. 하나님은 이걸 창조하신 분이어서 나 같은 인간보다 필요를 더 잘 아실테니 말이네. 어떤 조건도 달지 않았다네. 방법도 수단도 정해 드리지 않았지. 나는 '주님, 이 나무에게 필요한 것을 보내주세요. 폭풍우이건 햇빛이건 바람이건 비이건 서리이건, 주님이 창조하셨으니 주님이 아십니다'라고 기도했다네."[7]

나는 하나님을 나의 통치자로 모시는 데 실패했었다. 하나님보다 내가 지나치게 열심히 노력하려 했기 때문이었다. 당신은 나와 같을 수도, 혹은 나와는 정반대일 수도 있다. 하나님을 통치자로 모시는 데 실패하는 이유는, 우리가 무엇을 하지 않아서가 아니다. 우리에게 필요하지 않은 일을 지나치게 행하려 하기 때문이다. 우리에게 필요한 일은 따로 있다. 나의 통제권을 포기하고 하나님을 통치자로 인정하는 것이다. 그거 하나뿐이다. 하나님보다 내가 앞서려 할 때, 삶은 곧 통제 불능이 되고, 그래서 우리는 아예 삶을 포기하게 된다. 인생을 이해할 수도, 만족할 수도 없어서 포기하고 만다. 하나님의 주권이 우리 삶에 나타나 만족으로 이어지는 것을 경험하지 못한다.

이 책은 하나님과 함께 했던 나의 여정에 관한 이야기다. 하나님이 첫 번째 수도사 같은 나를 택하셔서 어떻게 두 번째 수도사 같은 사람으로 변화시키셨는지를 들려준다. 나는 아직도 그 길 위에 있다. 비록 힘들지만 매우 흥미진진한 모험이다! 하나님이 나의 호흡, 기쁨, 존귀, 능력의 전부가 되셨다. 하나님은 매일같이 그분의 능력과 힘을 나에게 허락하신다. 하나님이 불안한 내 마음을 평온케 하신다.

나는 당신을 이 여정에 초청하고 싶다. 참된 만족이 무엇인지, 환경과 자아와 역할과 관계들을 바라보는 관점이 어떻게 변하는지 더 이해해 보자고 부탁한다. 그리고 불안과 욕심, 그릇된 초점이 어떻게 만족스런 마음을 방해하는지 살펴보자고 권한다. 마지막으로, 만족을 찾는 여정의 장애물을 뛰어넘게 하는 '신뢰'를 발견하자고 초청하고 싶다. 낙심한 메러디스 같은 사람도 만족을 배울 수 있다. 나도, 당신도 배울 수 있다.

만족의 비결을 배우게 된다면 새로운 방식으로 하나님을 보게 될 것이다. 하나님이 만물을 주관하시는 복되신 통치자요 만왕의 왕이요 만주의 주라는 사실을 마음으로 인정하게 될 것이다.

 **만족의 사람 | 앨리나**

20년 전, 우리는 오스트리아의 비엔나에 있는 '큰' 식료품 가게인 '팜 팜'에서 카트를 밀고 다녔다. 세이프웨이와 앨버트선즈 옆에 위치한 팜 팜은 아쉬운 점이 많은 가게였지만, 선반이 텅 빈 폴란드의 좁고 붐비는 다른 가게에 비하면 풍요로운 낙원 같았다.

함께 갔던 앨리나와 헨릭은 상품의 가짓수와 수량에 입을 다물지 못했다. 앨리나가 빽빽이 진열된 선반에서 '어린이용' 치약을 집어들었다. 미국인인 내 눈에는 팜 팜이 충분하지는 않았지만, 나는 폴란드 친구들의 눈을 통해 풍요함을 보게 되었다.

그 후 넓은 우리 집에서 함께 점심을 먹을 때, 나는 앨리나와 헨릭에게 물었다. 이제 이틀 후면 '어린이용' 치약은 물론이고 평범한 치약조차 부족한 폴란드로 돌아갈 텐데, 이런 풍요를 어떻게 생각하느냐고 말이다. 나는 앨리나의 대답을 결코 잊지 못한다. "린다, 우리는 여기 있으면 넉넉함을 누릴 수 있다는 걸 배웠어요. 하지만 폴란드에서 우리는 넉넉지 않아도 만족할 수 있다는 걸 알아요."

나는 그 후에도 수차례 팜 팜에서 카트를 밀고 다녔고, 내 관점은 바뀌어 있었다. 이제 나는 폴란드인의 눈을 통해 볼 수 있게 되었고, 겸손해졌으며 복을 누렸다.

# 2
## 만족하지 못하는 것 : 환경

남편 조디와 나는 풍요로운 부와 역동성이 살아 있는 이국적인 도시 홍콩에서 3년간 살았다. 우리는 밤에 얼굴에 부딪히는 짭짜름한 바닷 바람을 맞으며 바다 끝에 앉아 수평선을 바라보는 것을 너무나 좋아했다.

홍콩에서의 쇼핑은 무엇보다 좋았다. 나는 파격적이고 믿겨지지 않는 세일을 하는 파 위엔 거리를 활보했다. 아들 결혼식 때 입은 나의 천연 실크 정장이 14달러였고, 딸 조이의 결혼식 때 입은 150달러짜리 탈봇 드레스는 할인가로 7달러였다. 엄마를 잘 아는 조이는, 결혼식에 온 손님들에게는 신부 엄마가 입은 드레스의 가격을 말하지 말라고 간청했다. 난 노력하긴 했지만 이 믿을 수 없는 거래에 대해 끝까지 입을 다물고 있을 수가 없었다!

식료품 쇼핑도 즐거웠다. 나는 컴퓨터를 두드려서 사야 할 식료품 목록을 팩스로 보냈다. 방금 잡은 연어와 손질된 신선한 파인애플은 물론이고 주문한 식료품 더미가 당일 오후에 우리 집 문 앞으로 배달됐다. 내게 딱 맞는 쇼핑이었다!

홍콩에 있는 동안, 우리는 여행에 쏙 빠져 지냈다. 우리는 중국, 일본, 한국, 싱가포르, 베트남 등을 다녀오는 특권을 누렸다. 이런 매력적인 장소들을 돌아보고 독특한 민족들을 만나는 것은 정말 흥미진진한 일이었다.

홍콩은 사시사철 해가 났다. 우리는 언덕에 위치한 널찍한 아파트의 발코니에서 햇볕을 즐겼다. 은혜로운 하나님께서 나무 바닥과 거대한 창문이 있는 멋진 집을 주셨다. 4층에서는 푸르게 우거진 열대 식물이 보였고 아래 골짜기에는 고층건물이 보였다.

홍콩의 대중교통은 교통체증을 잊게 하는 훌륭한 대체수단이었다. 배, 버스, 기차, 지하철, 택시 요금은 저렴했고 어디서나 이용할 수 있었다. 그래서 우리는 자가용도 사지 않았다. 나는 일주일에 한 번씩 란타우 섬의 디스커버리 베이라는 멋진 장소에서 성경공부를 인도했다. 그곳에 가려면, 아파트에서 나와 걷다가 버스를 타고, 기차와 지하철과 배로 갈아타고, 다시 버스로 옮겨 탔다. 그러면 문 앞에 도착해 있었다.

성인이 된 네 자녀와 며느리와 사위는 홍콩과 중국을 방문할 때면 신나했다. 우리는 함께 얼마나 특별한 시간을 보냈던지! 그들은 비록 홍콩에서 수천 킬로미터나 떨어져 살았지만, 우리는 이메일로 '대화'할 수 있었다. 사랑하는 사람들로부터 멀리 떨어져 살아가는 사람에게는 컴퓨터 시대가 얼마나 큰 축복인지 모르겠다.

나는 하나님과 말씀을 점점 더 사모하는 여성들이 있던 홍콩에서의 삶을 소중하게 생각한다. 1997년 홍콩이 갑작스럽게 중국에 반환되었을 때, 여성들은 영원한 것들에 대한 문제로 질문을 던졌다. 내가 할 일은 여성들의 교육, 소그룹 인도, 전도 집회 기획 등을 준비하도록 훈련하는 것이었다. 홍콩이 자본주의에서 공산주의로 바뀔 때 준비된 여성들이 제 역할을 감당할 수 있도록 말이다.

하지만 지금까지의 내 이야기는 일부분에 지나지 않는다.

### 홍콩의 다른 면

홍콩은 관광지로서는 매혹적이지만, 거주하는 데도 그렇다는 말은 아니다. 홍콩에는 600만의 인구가 거주한다. 홍콩은 전 세계에서 인구밀도가 가장 높은 지역으로 손꼽힌다. 내가 매주 방문했던 지역인 메이 푸도 그런 밀집 도시 중 하나다! 이런 곳에서 살다보면 얼마나 자신만의 공간을 좋아하게 되는지 알게 된다. 이따금씩은 밀실공포증을 느끼기도 한다.

쇼핑하기엔 좋다. 하지만 엄청난 인파 때문에 쇼핑도 특정 시간에만 좋다. 매일이 크리스마스이브 같다. 파 위엔 거리에서 대규모 세일을 하는 것은 사실이지만, 좋은 옷을 찾으려면 산더미 같이 쌓인 옷을 뒤져야 했고 입어볼 수도 없었다. 나는 항상 지갑에 줄자를 넣고 다녔다. 줄자를 제 목적대로 사용하려면 엉덩이 치수를 재야만 했는데, 그것은 몇 년간 해본 적도 없는 정말 재미없는 일이었다!

　기후도 마찬가지다. 항상 맑았지만 매우 눅눅했다. 높은 열기와 습도가 탈진 증세를 일으켜, 일 년 내내 무기력했고 몸이 편치 않았다. 벽지는 축축하고 건물엔 곰팡이가 슨다. 신발도 곰팡이의 서식지다. 작은 도마뱀 같이 생긴 '도마뱀붙이'가 온 집안의 벽과 천정에 기어 다닌다. 나는 욕조를 청소할 때 도마뱀붙이가 튀어오르는 것이 너무 싫었다. 어린 도마뱀붙이를 맨 발로 뭉갠 적이 있는데, 요즘도 그 생각을 하면 몸서리를 친다.

　이색적인 장소를 여행하는 것도 재미는 있었지만 힘빠지는 일이었다. 거기 살던 12개월 중 첫 5개월은 주로 여행을 다녔다. 현지인과 직접 부닥치는 일상이 아니었기에, 나는 혼란스러웠다. 나에게는 새로운 문화에 적응하고 새 친구를 사귈 만한 기회가 적었다.

　우리 아파트는 훌륭했다. 하지만 홍콩은 세계에서 집세가 제일 비싼 곳이다. 2년 후 집세가 40퍼센트나 올랐다. 나는 집세를 낼 때마다 속이 메스꺼웠다. 그리고 이웃집 문 앞에 세워져 있는 우상을 스쳐갈 때마다 속이 울렁거렸다.

　나는 결코 안전하다고 느끼지 못했다. 우리는 4층에 살았고 대문에는 5개의 열쇠를 채웠다. 이 같은 철통 같은 대비에도 불구하고, 어느 날 밤 아파트에 도둑이 들었다. 내가 잠에서 깼을 때 냉장고 문이 열려 있었다. 부엌을 둘러보니 도둑이 먹다 남긴 음식으로 온통 지저분했고, 뭔가를 씹고 뱉은 듯한 더러운 것이 스토브에 덕지덕지 붙어 있었다. 우리 집 음식이 싫었던 게 분명하다. (어디 감히!) 심지어 방 안에 (심지어 침실에도) 들어온 흔적도 있었다. 그 도둑은 우리가 잠든 사이에 내가 누워 있던 침대 옆에 서 있던 것이 분명했다! 모욕감과 두려움, 분노 … 이 모두가 밀려들었다. 하지만 감사하기도 했다. 도둑을 봤다는 이유로 죽거나 불구가 된 이야기를 흔하게 들었기 때문이다. 나는 하나님이 우리를 깊이 잠들게 하셨음에 감사했다.

대중교통은 편리하긴 해도 매우 붐볐다. 붐비는 시간대에는 지하철 '푸시맨'들이 사람들을 정어리 다루듯이 밀어 넣었다. 성경공부를 인도하러 디스커버리 베이로 가던 어느 날 아침, 어떤 남자와 세게 부딪혔을 때 그는 나에게 성추행을 시도했다. 그자의 갈비뼈를 팔꿈치로 찌르긴 했지만, "성추행이다!" 하고 소리칠 수는 없었다. 그럴 엄두가 안 났다. 언어도 다른데다 그 지하철 안에서 나만 유일하게 비(非)아시아인이었으니 말이다. 나는 분노와 모욕감을 느꼈다. 나는 온몸을 떨며 다시는 지하철을 타지 않겠다고 결심했다. 물론 그 후에도 지하철을 탔다. 하지만 붐비는 시간대를 피하려고 한 시간 일찍 출발하곤 했다.

자녀들과 며느리, 사위가 홍콩을 방문하면 너무 좋았지만 그것도 일시적일 수밖에 없었다. 태평양을 사이에 두고 그들과 이메일을 주고받는 것은 축복이었지만, 아들이 전화해서 차를 팔고 볼리비아로 가겠다고 했을 때, 이메일은 나의 감정을 전달하기에 충분치 못했다! 딸이 전화해서 몹시 아프다고 말했을 때도 인터넷 통신은 도움이 돼 주지 못했다. 딸과 매일 대화하고 싶었지만 전화요금이 너무 비싸 자주, 길게 통화하지 못했다.

　사역이 결실을 맺기 시작할 무렵, 홍콩의 중국 반환과 더불어 우리가 홍콩을 떠나야 한다는 사실을 깨달았다. 3년 동안 겨우 적응할 수 있었는데 속절없이 떠나야만 하다니. 그 일은 쉽지 않았다.

　결국, 홍콩에서의 삶은 그리 매력적으로 들리지는 않는다.


## 진흙이냐 별이냐

우리는 대개 삶을 긍정적인 면과 부정적인 면으로 범주화한다. 두 목록 모두가 진실이지만 각각의 초점은 다르다. 당신은 삶을 어떻게 범주화하는가? 잠시 시간을 내서 하나님이 당신의 삶에 주신 긍정적인 면과 부정적인 면을 적어보라. 괜찮다면 두 문단으로 쓰되 자기의 평가를 적어보라.

　자, 이제 당신에게 한 가지 질문을 던지고 싶다. 내가 종종 스스로에게도 묻는 질문이다. "당신은 살아가면서 어떤 목록에 더 많은 시간을 사용하는가?"

　당신도 내가 들은 이야기의 어느 젊은 여성과 같은 처지일 수 있다. 그녀의 삶 역시 그녀가 바라던 것도, 기대하던 것도 아니었다. (해병대 출신인) 사람을 만나 갓 결혼했을 때, 외국에 살면서 전 세계를 여행하는 것은 낭만적이고 흥미진진하리라고 생각했다. 하지만 2년이 못 되어, 그녀는 외로웠고 불만족스러웠다. 그녀는 어머니에게 불평이 가득한 편지를 썼다. 친구도 없고 그 나라 말도 통 몰랐다. 그도 그럴 것이, 발령 통지서에 따라 옮겨간 것이기 때문에 언어를 배울 필요가 없다고 생각했다. 무엇보다 가장 안 좋은 점은 신랑이 집에 없다는 것이었다. 그녀는 "난 더 이상 참을 수가 없어요. 집에 가겠어요"라고 편지를 끝맺었다.

지혜로운 어머니는 단 두 줄로 답장했다.

두 여인이 감옥의 창살 너머를 보았단다.
한 여인은 진흙을, 다른 여인은 별을 보았지.[1]

이 현명한 어머니는 딸에게 만족에 이르는 비결을 말해 주었다. 우리 모두는 삶을 어떻게 볼 것인가를 선택할 권리가 있다. 우리는 진흙에 시선을 맞출 수도 있고, 눈을 들어 별을 바라볼 수도 있다. 하나님은 당신과 내가 (환경이 개선될 언젠가가 아닌) 현재의 환경에서 자족하기를 배우기 원하신다.

이것이 어떻게 가능할까?

### 우리의 역할

지난 장에서는 바울의 놀라운 고백에 대해 살펴보았다. "어떠한 형편에든지 내가 자족하기를 배웠노니." 바울은 만족을 배워가는 과정에서 두 역할, 즉 우리의 역할과 하나님의 역할이 필요하다고 말한다. 우선 우리의 역할이란, "아무 것도 염려하지 말고 다만 모든 일에 기도와 간구로, 너희 구할 것을 감사함으로 하나님께 아뢰라"(빌 4:6)는 것이다.

〈리빙바이블〉은 이 구절을 다음과 같이 번역한다. "아무 것도 염려하지 말라. 대신 모든 일을 놓고 기도하라. 하나님께 너의 필요를 말하고 하나님의 응답에 대해 감사하는 것을 잊지 말라." 염려하거나 불안해 하지 말라는 바울의 권고는, 불안을 열심히 기도하기 위한 동기로 삼으라는 뜻이다. 만족을 배워가는 과정에서 우리의 역할은 불안해 하지 않고 기도하겠다고 결심하는 것이다.

바울은 불안을 버리고 기도하라고 명령한다. 슬프게도 많은 사람들이 정반대로 행동한다. 모든 일에 대해 염려하고, 기도를 최후의 수단으로 미루고 있다! 기도하기보다는, 염려하고 초조해 하고 마음 졸이고 잠 못 이루고 남편(아내)이나 아이들이나 룸메이트에게 소리 지르기가 더 쉽다.

우리는 열심히 기도해야 할 뿐만 아니라 감사함으로 기도해야 한다. 이것은 대단히 어려운 일이다! 내가 암에 걸렸거나, 자녀가 공부 의욕이 없어 수학에서 낙제를 했거나, 친구가 상처를 주었거나, 스트레스를 주는 문제들이 더 커졌을 때, 감사하기란 너무나 어렵고 힘겹다.

시편 116편 17절 "내가 주께 감사제를 드리고 여호와의 이름을 부르리이다"는 감사함으로 기도하는 게 뭔지에 대한 이해를 돕는다. 감캄캄함이 나를 둘러쌌을 때 감사제를 드린다는 것은 '예배한다'는 뜻임이 명백하다! 어린 조카 앤지가 2층 창문에서 떨어져 두개골이 깨졌을 때, 다음과 같이 기도하는 것은 예배드리는 것이다. "주님, 마음의 무거운 근심을 당신은 아십니다. 가족들이 그런 고통 중에 있을 때 멀리 있다는 것이 견디기 어렵습니다. 그러나 마음은 아프지만, 불안해하지 않기로 결심했습니다. 어린 앤지를 당신께 올려드립니다. 이런 상황에서 선한 것을 발견하기란 어렵지만, 사랑하는 아버지여, 당신이 앤지를 사랑하시고 앤지가 당신의 것임에 감사드립니다. 앤지에게 생명을 남겨두신 것에 감사드립니다. 이토록 훌륭한 의료 서비스를 받게 하신 것도 감사드립니다. 당신이 이 끔찍한 상황의 복되신 통치자가 되어주실 것을 믿습니다."

부정적인 환경을 만났을 때 우리에게 남겨진 선택은 그 문제에 대해 기도하느냐, 아니면 염려하느냐 둘 뿐이다.

### 하나님의 역할

빌립보서 4장 7절은 만족을 배워가는 과정에서 하나님이 어떤 역할을 맡으시는지 보여준다. "그리하면 모든 지각에 뛰어난 하나님의 평강이 그리스도 예수 안에서 너희 마음과 생각을 지키시리라." 〈리빙바이블〉은 이 구절의 맨 앞에 나오는 '그러면'을 '너희가 이것을 하면'이라고 해석한다. 무엇을 한다는 말인가? 우리가 '염려하기보다 기도하기를 선택하면' 각 사람마다 하나님의 평강을 경험할 것이다. 얼마나 놀라운 약속인가! 혼돈과 골칫거리와 두통과 불안이 가득한 세계에서 우리 모두는 평강이 필요하다.

또한 이 구절은 왜 우리가 평강을 경험하지 못하는지에 대한 실마리를 제공한다. 당신이나 내가 만족이 아닌 불안과 두려움을 느낀다면 '우리의 역할'을 잘 하고 있는지 자문해야 한다. 하나님이 우리의 선택에 따라 평강을 주시리라고 말씀하셨음을 기억하라.

나는 이렇게 번역하겠다. "그러면 우리의 모든 사고력을 뛰어넘는 하나님의 평강이 그리스도 예수 안에서 너희의 마음과 생각을 보호하는 수비대가 될 것이다." 나는 하나님께서 (가난하고 연약한 이들의 마음과 생각을 돕는) 천사들의 수비대로 둘러싸인 것을 상상한다. 내 안에 불안감이 커지면 '만약의 상황'에 대한 염려 때문에 내 생각은 위태로워진다. 감정의 요람인 마음은 거칠게 흔들린다. 하나님의 평강이야말로 이런 불안에 사로잡힌 마음과 생각에 필요한 처방약이다.

하나님께 염려를 맡기기로 해놓고 10분 뒤에 다시 가지고 온다면, 우리는 대체 무슨 짓을 하는 걸까? 질풍노도와 같은 십대 시절에 나는 침대에 누워서 '내가 옳은 결정을 내린 걸까?' '내가 어리석은 자의 길로 내려가는 것을 어떻게 막을 수 있을까?' 등을 고민했던 기억이 난다. 나는 빌립보서 4장 6-9절 말씀에 의지하여 기도했지만 다시금 염려하는 내 모습을 발견하곤 했다. 마치 내 사고가 '근심 모드'로 고정된 것 같았다.

나는 "주님, 다시 여기 왔습니다. 불과 10분 전에도 그랬지만, 잘

안 되네요. 주님의 평강을 소유하지 못한 채 여전히 염려하고 있습니다"라고 기도했다. 빌립보서 4장에 나오는 나의 역할과 하나님의 역할에 의지해 한 번 더 기도했다. 그러나 나는 또 다시 염려하기 시작했다. 그때 나는 따뜻한 이불 속에서 빠져나와 책상 앞에 앉았다. 손에 펜과 종이를 들고 주님이 십대인 내게 그동안 이루신 긍정적인 면들을 전부 적었다. 그러고는 그 목록을 앞에 놓고 기도했다. 내 삶에 역사해 오셨고 여전히 역사하신다는 사실로 인해 하나님께 감사제를 드렸다. 나는 불을 끄고 푸근한 침대로 돌아갔다. 이번에는 평화로운 잠에 빠졌다.

### 이것들을 생각하라

바울은 8절에서 우리의 역할로 돌아온다. "끝으로 형제들아, 무엇에든지 참되며 무엇에든지 경건하며 무엇에든지 옳으며 무엇에든지 정결하며 무엇에든지 사랑 받을 만하며 무엇에든지 칭찬 받을 만하며 무슨 덕이 있든지 무슨 기림이 있든지 이것들을 생각하라"(빌 4:8).

나더러 가장 좋아하는 성경구절을 꼽으라면, 빌립보서 4장 8절은 단연코 열 손가락 안에 들 것이다. 이 지혜의 말씀은 우리 집 거실에 액자로 걸려 있다. 나는 하루에도 몇 번씩 이 말씀을 보면서 부정적인 면보다 긍정적인 면에 시선을 돌리기로 다짐한다. 생각을 제어하기란 쉽지 않다. 그러나 하나님이 그것을 요구하셨다.

잠언 23장 7절은 "대저 그 마음의 생각이 어떠하면 그 위인도 그러한즉"이라고 말한다. 작가이자 철학자인 랄프 왈도 에머슨은 이 말씀을 이렇게 설명했다. "당신이 무슨 생각을 하는지 숙지하라. 그것이 당신의 모습이기 때문이다." 얼마나 설득력 있는가! 우리는 우리가 생각한 모습대로 된다. (우리의 환경이 아니라) 우리의 생각이 머무르는 삶이 우리의 만족을 결정한다. (친구, 배우자, 자녀, 일, 혹은 다른 어떤 것이 아니라) 우리의 생각대로 흘러가는 삶이 우리의 만족을 결정한다!

성경은 긍정적인 것에 생각을 고정하고 모든 생각을 사로잡으라고 명령한다(고후 10:5 참고). 로레인이라는 친구는 그녀의 생각이 부정적인 것들에 사로잡힌 것을 보았다. "나의 부정적인 생각들은 마치 '나를 봐줘요, 나를 봐줘요' 하듯 소란을 피우며 집안을 온종일 뛰어다니는, 인내심 없는 아이들 같다. 긍정적인 것들에 집중하기 위해 나는 온종일 '소란을 피우던' 부정적인 생각들을 데려다 벤치로 보낸다. 때때로 부정적인 생각들은 복종하지 않고 벤치에서 일어나 다시 한 번 더 자기를 봐달라며 소란을 핀다. 나는 이번에는 예수님과 함께 그 생각들을 다시 벤치로 데려간다. 그리고 그것들을 아예 벤치에 묶어버린다!"

우리는 생각을 통제해야 한다. 우리는 "오직 마음(생각, mind)을 새롭게 함으로 변화를 받아야"(롬 12:2) 한다는 명령을 받았다. 부정적인 생각이 우리를 사로잡을 때, 마음을 새롭게 함으로써 변화하기로 결정해야 한다.

### 연습은 완벽을 낳는다

바울은 9절에서 우리의 역할과 하나님의 역할을 조화시킨다. "너희는 내게 배우고 받고 듣고 본 바를 행하라(practice). 그리하면 평강의 하나님이 너희와 함께 계시리라"(빌 4:9).

'연습'(practice)이란 단어를 들으면 무슨 생각이 떠오르는가? 나는 어릴 적에 피아노를 연습하고 구구단을 외우던 것, 커서 독일어의 동사변화를 외우던 것이 생각난다. 우리는 연습할 때 무언가를 계속 반복한다. 연습은 재밌지가 않다. 지루하고 어렵다. 하지만 바울은 '이것들을' 연습하라고 가르친다. 바로 이런 것들 말이다.

- 염려를 하나님께 맡기기로 결단하기
- 열심히 기도하기로 결단하기
- 감사하기로 결단하기
- 긍정적인 생각을 하기로 결단하기

염려를 기도로, 부정적인 생각을 긍정적인 생각으로 대체하는 연습을 해야 한다. '그러면' 평강의 하나님이 함께 하실 것이다! (배우고 받고 듣고 본 바를 행하라라는, 다시 말해) 복종하리라는 결심에 하나님의 평강이 뒤따르는 것을 본다. 이것은 바울이 만족을 배우기 위해 걸었던 여정이다. 감사하게도 나는 이 길을 걸어간 귀한 사람들을 안다. 그들은 바울처럼 "어떠한 형편에든지 자족하기를 배웠다"고 말한다.

## 별을 바라보기로 결심하다

내가 크리스티나와 처음 만난 건 루마니아에서 열린 '결혼 컨퍼런스'에서 그녀가 나를 위해 통역을 맡았을 때였다. 어리고 당차며 그리스도께 헌신적인 크리스티나는 미래를 향한 꿈에 부풀어 있었다. 당시 그녀는 대학 입시를 준비하는 중이었다.

공산주의 독재정권은 '1981년 루마니아 참사'에서도 보듯, 국민의 생활을 간신히 생존할 수 있는 수준으로 제한하여 꿈을 무참히 짓밟았다. 식량은 귀했고 난방공급도 (거의 없었지만 그나마) 일정치 않았다. 뜨거운 물을 사용할 수 있는 경우는 정말 드물었고 요리에 쓸 가스도 하루에 몇 시간 동안만 공급되었다. 그런 상태에서 꿈을 갖는다는 것 자체가 놀라운 일이었다! 하지만 대학의 문이 열려 있는 한, 크리스티나는 그것을 목표로 삼았다.

그녀는 입시에 실패했다. 점수가 낮아서가 아니었다. 아버지가 기독교계의 지도자라는 이유로 대학 교육을 받을 수 있는 기회를 박탈당했다. 얼마나 부당하고 불공평했는지! 그럴 때 많은 사람들이 부정적인 태도를 취했을 테지만, 그녀는 그러지 않았다. 그녀는 긍정적인 면을 생각하기로 했다.

"린다," 그녀는 말을 이었다. "나는 대학에 갈 수는 없지만, 공부해서 영어실력을 향상시킬 수 있어요. 그러면 당신이 다음에 루마니아를 방문할 때에는 더 나은 통역인이 될 수 있을 거예요." 정말 사랑스러운 영혼이 아닐 수 없었다. 그러나 시련은 그걸로 끝이 아니었다.

크리스티나는 입시를 위해 기도하고 계획하고 인내하기를 7년 동안이나 계속했다. 그 후로도 7년 동안 거절당했다는 얘기다. 하지만 그녀는 7번이나 신뢰했다. 하나님은 지금 그분이 하고 계신 일을 안다고 말이다. 그렇다. 크리스티나에게도 의심의 때, 스스로에게 미안하다고 말하고 싶은 때가 있었다. 초라한 환경에서 만족하기로 선택하기란 결코 쉽지 않다. 하지만 그녀는 7번이나 긍정적으로 생각했다.

미국에는 자족하기를 배운 여성들의 이야기가 많다. 내 친구 태미는 치료불능의 퇴행성 질환을 앓고 있다. 이 질환은 불임의 원인이고 결국 그녀의 목숨을 앗아갈 것이다. 그녀는 통증 때문에 하루에 30알 이상의 약을 먹는다. 나는 '만족'이라는 주제로 강의하기 위해 태미가 살고 있는 도시에 갔다. 태미는 병상에서 나와 모임에 참석했다. 내가 여성들에게 긍정적인 면과 부정적인 면을 적어보라고 부탁했을 때, 나는 태미를 걱정하고 있었다. 그녀의 삶은 부정적인 것들이 가득한데 어떻게 긍정적인 것을 적을 수 있단 말인가?

강연을 마쳤을 때 태미가 와서 말했다. "오, 린다, 네가 하라는 걸 해보니 너무나 좋았어! 긍정적인 면에 20가지나 적었지 뭐니! 하지만 부정적인 면에는 4가지밖에 못 적었어!"

그 대답을 듣고 나는 기도할 수밖에 없었다. "오, 하나님, 나를 용서해 주세요. 만약 내가 태미의 인생을 살았다면, 나는 정반대로 썼을 거예요."

지금도 나는 환경에 굴하지 않고 만족하는 법을 배우고 있다. 정말이지 누구에게나 만족이 필요하다. 환경의 영향에서 벗어나 내면의 평강을 유지하는 것 말이다. 궁극적으로 볼 때, 만족이란 환경의 변화가 아니라 태도의 변화에서 온다. 바울은 불안해 하는 태도를 바꾸어 감사하며 열심히 기도하기로 했다. 비록 그의 삶에 부정적인 면이 가득하다 해도 긍정적인 면을 생각하기로 했다. 그 결과 그는 하나님의 평강을 맛보았다.

누구나 부정적인 환경을 경험한다. 때로는 그 때문에 비참해지기도 한다. 당신의 처지가 비참하다면, 나는 당신이 겪고 있을 고통 때문에 마음이 아프다. 나는 종종 "하나님, 나의 고통이 쓸모없이 버려지지 않게 해주세요. 이 고통을 사용하셔서 당신께 가까이 가게 해주세요. 이 고통을 사용하셔서 만족하는 법을 가르쳐주세요"라고 기도한다.

인생에 어려운 일이 일어나면, 나는 하나님의 음성을 듣는다. "린다, 내가 네게 복된 통치자가 되게 해다오. 순종하렴. 나의 때와 나의 방법을 받아들이렴. 너로 하여금 나만을 신뢰하게 하렴." 하나님의 음성은 계속된다. "린다, 나를 영화롭게 하기로 선택하렴. 아무도 너의 선택을 알지 못하고, 그 선택이 얼마나 어려운가 알아주지 않더라도, 나를 위해 그렇게 선택하렴."

앨리, 크리스티나, 그리고 태미는 모두 '어디에 시선을 맞출 것인지'를 선택했다. 그리고 당신도 선택해야 한다. 무엇을 선택할 것인가, 진흙인가 아니면 별인가?

 **만족의 사람 | 샌디**

나는 마음속으로 내 계획을 되짚어보았다.

기차에서 내려 '루마니아인처럼 보이도록' 한다.
매표소에 가서 표 값 3레우(루마니아의 화폐단위)를 선반에 놓는다. 아무도 질문하지 않기를 기도하면서!
왼쪽으로 가는 전차에 올라탄다. 왼쪽이야, 린다, 꼭 기억해, 왼쪽.
5번째 역에서 내린다.
오른쪽으로 걸어서 3번째 아파트 단지까지 간다.
8층으로 올라간다.
8B호실 문을 두드린다.
소그룹 여성들이 '여성을 위한 교사'가 되는 법을 공부하는 3일간 8B호실에 머문다.

이 여행을 떠올리면 두려움도 든다. 나는 이 도시에 와본 적이 없었다. 전차표를 못 사면 어떻게 하지? 길을 잃으면? (내 루마니아어 실력은 '감사합니다', '부탁합니다', '빵', '물', '안녕히 계세요'를 말하는 수준이었다.) 나는 공산권 국가에서 여행하는 데는 익숙했지만 그때마다 대개는 여행 파트

너가 있었다. 이번에는 나 혼자였다.

8B호실로 올라갈 때까지 내 계획은 시계처럼 딱 맞아떨어졌다. 바깥은 어두웠고 계단과 바닥은 온통 검은 색이었다. 나는 층수를 세며 한 계단씩 천천히 올라갔다. 8번째 층에 도착했을 때 얼마나 안도했는지!

하지만 복도의 불이 켜지지 않았다. 어떤 문이 8B호실 문이지? 혹시 7층은 아닐까? 내가 엉뚱한 집 문을 두드린다면, 집 주인인 샌디가 핍박을 받을 수도 있었다. 당시 루마니아인은 서유럽인과 교제해서는 안 되기 때문이었다. 내가 알고 있는 다섯 단어로는 무사통과가 불가능할 것이 분명했다. 조금씩 벽을 더듬어 문에 가까이 가면서 기도했다. 그리고 문을 두드렸다. 샌디의 사랑스런 얼굴이 나타났다! 휴……!

여성들은 성경공부 인도자가 되기 위한 훈련을 받으려고 밤낮을 가리지 않고 이 아파트로 모여들었다. 샌디가 출석하는 교회에서는 남편을 위해 기도하고 자녀를 낳아 잘 키우는 것만이 여성의 사역이라고 믿게 했다. 사실상 그 교회는 여성이 자녀를 출산함으로 구원을 받는다고 가르쳤다! (이것은 디모데전서 2장 15절을 잘못 해석한 데에 기인한다.) 하지만 이 여성들은 다른 사람들에게 성경을 가르치기를 열망했다.

샌디는 하루하루 집중해서 들었다. 그녀는 거의 말이 없었다. 그녀의 지친 표정은 그처럼 비좁은 공간에서 여러 사람과 함께 있는 것을 부담스러워하는 것이 분명했다. 나는 그녀가 과연 성경공부 인도자 역할을 잘 감당할 수 있을지 염려할 수밖에 없었다. 그러다가 차

즘 희망이 밝아왔다. 훈련 과정이 끝나갈 즈음, 그녀는 말했다. "이제야 알겠어요. 나는 영적인 자녀도 출산하고 싶어요!"

샌디는 이렇게 기도했다. "하나님, 제가 무슨 영적 은사를 받았는지는 모릅니다. 비록 가르치는 일이 두렵기는 하지만 노력하려 합니다. 제게 맡겨진 사람들을 선의로 이끌고 잘 양육하고 싶습니다. 당신을 영화롭게 하는 데에 제가 어떻게 사용될 수 있는지 알게 해주세요."

샌디는 자기 역할에 대해 두려움이 있었지만 결국 교회에서 소그룹을 인도하기 시작했다. 공산주의 몰락 이후, 그녀는 루마니아 전역에 흩어진 교회를 순회하며 강의하는 전문 사역자로 성장해 있었다. 그 지역에서 컨퍼런스가 열렸을 때, 그 소심했던 샌디는 천 명이 넘는 청중을 대상으로 강의를 하고 있었다.

# 3
## 만족하지 못하는 것 : 나

전화기 너머로 들려오는 딸의 목소리에는 생기가 넘쳤다. "엄마, 나 임신했어요! 엄마가 외할머니가 된다고요!" 나는 즉시 내 외할머니, 그리고 내 딸의 외할머니인 나의 어머니가 생각났다. 이제 나도 외할머니가 되는구나. 나도 인생의 새로운 계절에 접어드는구나!

그날 밤 침대에 누웠지만, 하나님이 창조하시는 중인 새로운 생명이 떠올라 쉽게 잠들지 못했다. 나는 곧 태어날 소중한 손주를 위해 기도하면서 시편 139편을 내 식으로 바꾸어 보았다.

오, 하나님, 당신을 찬양합니다. 당신은 내 손주의 길을 잘 아시기 때문입니다. 당신께 감사합니다. 당신은 그 아이보다 앞서 가시고, 그 아이를 따라가시며, 축복의 손을 아이의 머리 위에 두셨기 때문입니다. 이것을 알기에 내 마음은 감사로 가득합니다. 감사합니다, 하나님.

지금 이 순간에도, 창조주이신 당신은 그 아이의 존재와 기질과 성품을 빚고 계십니다. 내 딸의 태속에서 그 모든 것을 직조하고 계십니다. 당신의 작품은 얼마나 아름다운지요!

당신은 내 손주의 모든 것을 아십니다. 당신은 그 아이의 육체와 영혼을 짓고 계십니다. 비단 천에 정교한 수를 놓듯, 당신은 아름다운 도안의 한 땀 한 땀을 섭리하고 계십니다.

당신은 그 아이보다 앞서 이 땅에서의 모든 날들을 미리 기록하셨습니다. 당신은 이미 그 아이의 분깃과 운명을 준비하고 계십니다.

오, 하나님, 당신은 위대하십니다! 당신을 찬양합니다! 당신은 그 아이가 어떤 사람이 될지, 무슨 일을 하게 될지 계획하셨습니다. 당신은 그 아이가 자기에게만 고유하게 정해진 목표를 성취하도록 작정하셨습니다. 진실로 내 손주는 신묘막측하게 창조되었습니다. 당신이 만드신 경이로운 작품으로 인해 당신을 찬양합니다.

하나님이 우리를 창조하시기 전에 우리의 하나하나를 아셨다는 사실을 생각하면 위로가 된다. 하나님은 우리가 어떤 생김새일지, 부모가 어떤 사람들일지, 결혼을 할지 안 할지, 한다면 누구와 할지, 그리고 자녀를 몇 명이나 낳을지를 계획하셨다. 우리가 그분을 알기도 전에, 하나님이 우리에게 관심을 기울이셨다. 하나님은 우리가 보배가 되기까지 우리를 감추셨다. 성경은 하나님이 경이와 감탄으로 우리를 조성하셨다고 말한다.

어쩌면 당신은 '런다, 나도 시편 139편을 읽어봤어요. 무슨 말이 써 있는지 다 알아요'라고 생각할지 모르겠다. 그렇다면 나를 생각해서 딱 한 가지만 해달라고 부탁하고 싶다. 시편 139편을 한 번도 읽어본 적이 없는 것처럼 읽어볼 수 있겠는가? 성경을 펼치고 이 영광스런 시편을 찾은 후, 하나님께 말씀을 볼 수 있는 새로운 눈, 들을 수 있는 귀, 이해할 수 있는 마음을 달라고 간구해 보라.

### 하나님은 당신의 존재를 창조하셨다

이 위대한 시편을 좀더 자세히 들여다보자. 시편은 이렇게 시작한다. "여호와여 주께서 나를 살펴 보셨으므로 나를 아시나이다"(1절). 달리 말하자면, 다윗의 모든 삶이 일일이 감찰되었고 하나님이 알지 못하시는 것이라곤 전혀 없었다. 하나님은 다윗을 창조하시기 전부터 그의 모든 길을 잘 아셨다(3절). 얼마나 놀라운가! 다윗은 하나님이 너무나 완벽하게 아시므로 마치 하나님이 다윗의 삶을 일일이 확인하고 다니시는 것 같다고 말했다. 그런데 하나님은 다윗의 행위를 아실 뿐만 아니라, 믿을 수 없게도, 그의 생각까지 아셨다.[1]

당신도 마찬가지다. 이해하기 쉽지는 않다. 당신의 어머니가 당신을 알기도 전에, 천지를 지으신 전능하신 창조주께서 이미 당신에 대해 인격적이고 친밀한 관심을 가지셨다는 것 말이다.

시편 기자는 하나님이 얼마나 친밀하게 자기를 아셨는지에 대한 예를 들어준다. "주께서 내 내장을 지으시며 나의 모태에서 나를 만드셨나이다"(13절). 히브리어로 '내장'이란 기질과 개성의 중심, 즉 존재를 의미한다. 다윗이 태어나기도 전에 하나님은 그의 존재를 형성하셨다. 하나님이 당신을 조직하실 때도 마찬가지였다. 하나님은 당신의 육체뿐만 아니라 당신의 기질과 개성, 즉 존재를 창조하셨다.

다윗은 이 진리에 압도되어 탄성을 터뜨린다. "내가 주께 감사하옴은 나를 지으심이 심히 기묘하심이라. 주께서 하시는 일이 기이함을 내 영혼이 잘 아나이다"(14절).

창조주가 당신을 지으시면서 사랑스럽게 미소짓고 계심을 생각해본 적이 있는가? 당신이라는 존재를 창조하셨음을 감사해본 적이 있는가? 다윗처럼 "내가 주께 감사하옴은 나를 지으심이 심히 기묘하심이라"고 말할 수 있는가? 아니면 다음에 소개할 이야기에서 당신의 모습을 발견할 수 있는가?

캐롤은 자기 존재에 대해 하나님께 감사해본 적이 없다. 사실, 그녀는 하나님이 자기를 창조하실 때 실수하셨다고 느낀다. 캐롤은 내향적인데다가 사람들 앞에 자기를 드러내는 것조차 망설이는 사람이다. 그녀는 자기가 부끄럼이 많다는 걸 안다. 그래서 가능한 한 사람들로부터 멀리 떨어져 있으려 한다. 심지어는 교회도 가끔 빠진다. 목사님이 회중에게 서로 인사하라고 하는 게 너무 싫기 때문이다. 캐롤은 사교적인 친구 샐리를 부러워한다. 샐리는 사람들과 어울리는 자리를 언제나 편하게 생각하기 때문이다.

캐롤은 자기라는 존재를 사교적인 샐리와 비교한 탓에, 자기에게만 있는 고유한 아름다움을 보지 못하고 있다. 그녀는 하나님이 자기를 창조하신 이유를 잘 모르겠다고 생각한다. 잠시라도 멈추어 하나님께 물어본 적도 없다. 그녀는 하나님이 주신 것을 바라보는 대신 자기가 갖지 못한 것을 바라보는 데 치우쳐 있다.

당신은 캐롤과 다른가? 지금 당장 시선을 돌려, 당신만의 고유한 존재를 창조하신 하나님께 감사하면 어떨까?

## 하나님은 당신의 몸을 창조하셨다

시편 139편에 의하면 하나님은 당신의 존재를 창조하셨을 뿐만 아니라 몸도 주셨다. 15절은 "내가 은밀한 데서 지음을 받고 땅의 깊은 곳에서 기이하게 지음을 받은 때에 나의 형체가 주의 앞에 숨겨지지 못하였나이다"라고 말한다.

'지음을 받다'라고 번역된 히브리어는 '수(繡)가 놓아지다'라는 뜻이다. 이와 똑같은 히브리어가 구약 성막의 앙장(curtains)을 정교하고 아름답게 바느질하는 작업을 가리킬 때 사용되었다. 하나님이 어머니의 태중에서 (여기에서는 '땅의 깊은 곳에서'라고 묘사되었다) 당신을 조직하실 때, 하나님은 대단히 정교하게 수를 놓고 계셨던 셈이다. 비록 아무도 당신을 볼 수 없었지만, 하나님은 당신의 몸을 조성하실 때 모든 세세한 것까지 심중에 두고 계셨다. 베 짜는 사람이 독특하고도 아름다운 무늬와 정교한 색깔의 수를 놓는 것처럼, 하나님은 오직 당신에게만 해당하는 고유한 혈관, 근육, 신경, 체구를 만드셨다. 어떠한 비단 장식이 인간의 신체 구조에 비견될 수 있겠는가?

다른 사람의 비단 장식이 아름답게 보일 순 있다. "난 내 코도 싫고, 눈도 싫고, 가슴도 싫어요. 정말이지 난 내가 너무나 맘에 안 들어요." 누구나 자기 신체 중에 바꾸고 싶은 부분이 있다. 하지만 자기 몸에 만족하지 못하는 것은 사실 하나님과 논쟁하는 것이다. 우리의 머리카락 색깔, 얼굴의 윤곽, 키가 크고 작은 것은 하나님의 의도가 담긴 것이기 때문이다.

나는 외모 때문에 고민하는 사람이 매우 많다는 사실에 놀라지 않는다. 하지만 아름다움에 대한 사회의 가치관은 대부분 왜곡되어 있다. 완벽한 몸매에 대한 유명인들과 매체의 관심은 항상 우리를 짓누른다. 이런 압력은 잘못된 것일 뿐만 아니라 성경적이지도 않다. 우리는 아름다움에 대한 세간의 관심이 왜곡되어 있음을 잊지 말아야 한다. 그럼에도 이런 '비교'라는 몹쓸 병에 걸리기는 얼마나 쉬운지!

내 남편 조디는 남자가 여자를 쳐다보는 것 이상으로 여자가 여자를 쳐다본다고 믿는다. 이 말이 이상하게 들리겠지만, 틀리지는 않다고 생각한다. 여자들은 꽉 죄는 수영복을 입은 슈퍼모델을 기준으로 자기가 어느 수준에 해당하는지를 비교하고 점수를 매긴다. 나는 한 번도 좋은 결과를 얻어본 적이 없다. 성경은 자기를 남과 비교할 때 그것이 지혜가 없는 자의 모습이라고 단언한다(고후 10:12).

몇 년 전, 제임스 허프스테틀러 목사의 '비교 게임'에 관한 논평을 읽은 적이 있다.

당신은 결코 남을 진심으로 즐거워하지 못할 것입니다. 편안한 감정도 갖지 못할 것입니다. 경건한 만족의 삶도 살지 못할 것입니다. 질투를 정복하지도 못할 것이고, 남을 사랑해야 할 의무도 지키지 못할 것입니다. 하나님이 만들어주신 당신의 모습 그대로 하나님께 감사할 때까지는 말입니다.[2]

하나님은 우리가 우리를 창조하신 하나님의 솜씨를 보고 하나님을 찬양하길 원하신다. C. S. 루이스가 정신적 스승으로 여긴 조지 맥도널드는 이렇게 썼다.

내가 생각하기에 가장 영광스런 피조물이 되기보단 하나님이 만드신 내 모습 이대로이고 싶다. 왜냐하면 내가 생각해본 것 중에 하나님의 의도대로 태어나고 만들어지는 것이 가장 고귀하고, 가장 위대하고, 가장 소중하기 때문이다.[3]

이것이 만족의 기도다.

### 하나님은 당신 인생의 목적을 창조하셨다

시편 139편에서 마지막으로 배우게 될 참된 자아상은 하나님이 우리 모두의 삶에 대해 계획, 즉 목적을 갖고 계시다는 것이다. "내 형질이 이루기 전에 주의 눈이 보셨으며 나를 위하여 정한 날이 하루도 되기 전에 주의 책에 다 기록이 되었나이다"(16절).

신학자들은 이 구절에 두 가지 의미가 담겼다고 한다. 첫째는 하나님이 신적 능력으로 다윗의 날 수를 정하셨다는 것이다. 다른 성경 구절도 이 해석을 지지한다. 다윗은 그의 사는 날들이 하나님의 손에 있다고 고백한다(시 31:15). 욥도 "그의 날을 정하셨고 그의 달 수도 주께 있으므로 그의 규례를 정하여 넘어가지 못하게 하셨사온즉"(욥 14:5)이라고 말한다. 둘째는 다윗의 삶에 일어난 일상의 모든 경험들이 그가 태어나기도 전에 하나님의 책에 기록되었다는 것이다. 문맥상 이 해석이 가장 합리적으로 보인다.

이를 우리에게 어떻게 적용할 수 있을까? 이 말은 전능하신 창조주께서 우리가 추구할 목적을 준비해 두셨다는 의미다. 하나님이 당신을 창조하실 때에는 명확한 목적을 품으셨다. 하나님에게는 당신이 성취해야 할 계획이 있으시다. 그런 당신은 얼마나 대단하고 특별한 존재인가! 당신의 모든 능력은 (그리고 무능력까지도) 하나님이 당신을 향해 품으신 고유한 계획에 맞게 주어졌다. 당신 외에는 아무도 그 목적을 성취할 수 없다. 더욱이 당신과 나를 향한 하나님의 계획은 우리에게 일어나는 사건이나 환경을 초월한다. 하나님이 우리를 만드실 때, 거기에는 하나님이 바라시는 우리의 모습과 행위, 하나님이 우리 안에서와 우리를 통해 이루시려는 모든 것이 포함돼 있다.[4]

제리 브리지스는 자신의 책 『상처가 될 때도 하나님을 신뢰하기』 (*Trusting God Even When It Hurts*)에서 시편 139편 13-16절이 어떤 의미인지를 정확하게 포착하고 있다.

> 하나님이 우리의 장부를 지으시며 모태에서 우리를 조직하신 것은, 우리가 태어나기 전부터, 하나님이 정해 두신 계획을 성취하시려고 우리를 준비시키기 위해서다. 당신이 누구인가는 생물학적 사건이 아니다. 당신이 무엇인가는 환경적인 사건이 아니다. 창조주 하나님은 당신을 위해 이 두 가지 초자연적인 사건을 계획하셨다.[5]

에베소서 2장 10절은 "우리는 하나님의 작품입니다. 선한 일을 하게 하시려고, 하나님께서 그리스도 예수 안에서 우리를 만드셨습니다. 하나님께서 이렇게 준비하신 것은, 우리가 선한 일을 하면서 살아가게 하시려는 것입니다"(표준새번역)라고 말한다. 하나님이 주신 재능, 은사, 능력에 만족하지 못할 때, 나는 하나님이 '모든 것'을 다스리는 복되신 통치자(딤전 6:15)임을 스스로에게 상기시킨다. 이 사실을 믿는다면 하나님이 '나의' 모든 것, 즉 '나의' 외모, 존재, 기질, 재능을 창조하시고 책임지시는 복되신 통치자란 사실도 믿어야 마땅하다. 나는 하나님을 기쁘시게 해드리길 간절히 소망한다. 그런데 하나님은 내가 하나님이 창조하신 나의 모습에 만족할 때 가장 기뻐하신다.

당신도 만족하고 싶을 것이다. 하지만 "성공해라, 유명해져라, 아름다워져라, 완벽해져라"는 목소리가 들려올 수도 있다. 오, 사랑하는 친구여, 이런 목소리에 귀 기울이기를 멈추고 하나님의 음성에 귀 기울이길 권한다.

그는 네 아버지시요 너를 지으신 이가 아니시냐? 그가 너를 만드시고 너를 세우셨도다(신 32:6).

주의 손으로 나를 빚으셨으며 만드셨는데 … 기억하옵소서. 주께서 내 몸을 지으시기를 흙을 뭉치듯 하셨거늘 … 주께서 … 피부와 살을 내게 입히시며 뼈와 힘줄로 나를 엮으시고(욥 10:8-11).

나면서부터 듣지도 보지도 못하는 사람인 헬렌 켈러는 많은 것을 생각하게 하는 글을 남겼다.

그들은 내 눈에 있어야 할 것을 가져갔습니다.
[하지만 나는 밀턴의 낙원을 기억했습니다.]
그들은 내 귀에 있어야 할 것을 가져갔습니다.
[하지만 베토벤이 와서 내 눈물을 닦아주었습니다.]
그들은 내 혀에 있어야 할 것을 가져갔습니다.
[하지만 나는 어린 시절부터 하나님과 대화했습니다.]
하나님은 그들이 내 영혼을 가져가게 허락지 않으셨습니다.
나는 영혼을 소유했기에, 전부를 소유한 것입니다.[6]

이 아름다운 시가 나를 겸손하게 만든다. 이 시를 읽을 때마다 주님 앞에 엎드려 나의 잘못된 욕망에 대해 용서를 구해야 할 것만 같다. 헬렌 켈러가 하나님이 주신 육체의 '액자'를 받아들이기가 얼마나 어려웠을지 짐작하고도 남는다.

그렇다면, 우리는 어떻게 하나님이 창조하신 나의 모습에 만족할 수 있을까? 다음에 소개할 비유가 도움이 될 것 같다.

### 완성중인 당신의 그림

'액자.' 당신의 삶을 한 점의 미술 작품이라고 상상해 보라. 그 액자는 당신의 '존재, 기질, 신체 특성, 은사와 능력'을 말한다. 하나님이 주신 액자에 감사하는 대신 그것을 변형시키는 데 시간을 낭비하는 이들이 많다.

한 여성에 관한 이야기를 읽은 적이 있다. 레이첼은 하나님이 만들어주신 액자에 만족하지 못했다. 그녀는 자기의 신체장애와 정서장애를 스스로 져야 할 십자가라고 믿었다. 그녀는 불가능한 줄 알면서도 다른 액자를 선택할 수 있기를 바랐다.

어느 날 밤, 레이첼은 많은 액자들이 있는 곳으로 인도되는 꿈을 꾸었다. 거기에는 온갖 크기와 모양의 액자들이 있었다. 그녀는 보석과 금으로 장식된 아름다운 액자를 발견했다. "오, 내게 딱 맞을 거야!" 그녀는 외쳤다. 그러고는 보석이 박힌 그 액자를 몸에 걸쳤다. 금과 보석은 아름다웠지만 그녀에겐 너무 무거웠다. 그 무게를 못 이기고 주저앉아버렸다.

다음으로, 조각된 테두리를 장미꽃으로 장식한 아름다운 액자를 발견했다. 이 액자야말로 그녀에게 딱 맞는 액자였다! 그녀는 서둘러 액자를 들어올렸다. 그러나 꽃 밑에 있던 가시가 그녀의 살을 찔렀다.

레이첼에게 딱 맞는 액자는 없단 말인가? 그녀는 평범한 액자로 갔다. 보석도, 우아한 꽃도 없었다. 그런데 무언가가 그녀를 끌어당겼다. 그녀는 그 액자를 집어 들어 자기에게 걸었다. 딱 맞았다. 그녀는 자기를 둘러싸고 있는 그 액자를 바라보면서 그것이 하나님이 본래 그녀를 위해 창조하신 액자임을 깨달았다.[7]

친구여, 누군가의 액자가 당신의 액자보다 더 매력적으로 보이는가? 보석과 꽃으로 장식된 액자를 가지고 있는 사람이 부러워보일 수도 있다. 하지만 그의 액자가 얼마나 거추장스러운지 당신은 모른다. 하나님이 당신에게 주신 액자에 감추어진 지혜를 볼 수 있게 해달라고 기도하라.

'미술 작품.' 이제 액자 안에 있는 미술 작품을 생각해 보자. 그 작품은 당신이 어떤 사람이 될지를 보여주는 '완성중인 그림'을 말한다. 하나님은 배경을 결정하신다. 그러고는 걸작품을 창조하시기 위해 당신의 인생 캔버스 위에 붓을 놀리신다. 하나님은 당신과 하나님이 함께 그림을 만들어가도록 당신을 초대하신다. 당신이 하나님의 예술 감각에 순종한다면 그리스도의 성품이 당신의 인생 그림에 반영될 것이다.

뒤로 물러나서 그림을 바라보라. 무엇이 보이는가? 그리스도의 성품이 보이는가, 아니면 어느 부족한 인생의 몸부림이 보이는가? 이 그림이 성숙과 성품으로 색칠해지기 원하는가, 아니면 업적과 성과로 색칠해지기 원하는가? 우리는 인생에서 업적과 성과를 성숙과 성품보다 중요하게 여기는 경우가 너무 많다. 우리는 업적과 성과로 그림을 채우려고 정신 없이 버둥거려보지만, 그보다는 성숙과 성품이 채워져야만 한다. 조지 맥도널드는 이렇게 말했다. "그는 업적으로 무언가를 얻는다고 생각했지만 요구된 것은 성품이었다."[8]

성경 속 믿음의 조상들이 왜 칭찬을 받는가? 그들 내면에 있는 어떤 것 때문이었다. 그들은 오랜 세월 하나님과 동행하기도 하고, 하나님으로부터 멀어지기도 하며 곤고한 날들을 보냈지만 최종적으로는 그 믿음에 의해 평가를 받았다. 그들 역시 하나님 앞에서 스스로의 힘으로 무언가를 이루려고 해보았을 것이다. 때로는 하나님보다 앞서 하나님의 계획을 이루려고 시도도 해보았을 것이다. 그러나 성경은 그들이 이룬 어떤 업적이 아니라 그들 내면에 있던 믿음으로 인해 우리에게 교훈으로 남을 만한 칭찬을 받게 된 것이라고 분명하게 선언한다. 어떤 상황에서든 하나님을 바라는 신실함 말이다.

하나님은 우리 역시 그렇게 살아가기를 바라신다. 무엇보다 믿음 안에서 그리스도를 닮아가는 것, 우리의 캔버스를 그리스도의 형상을 채우는 것에 초점을 맞추길 바라신다. 이것이 하나님이 우리의 캔버스에 그리시려는 그림이다. 그런데 우리는 종종 액자에 초점을 맞추려 한다. 하나님은 우리의 시선이 다른 곳에 고정돼 있다고 말씀하신다.

사울을 대신할 이스라엘의 왕을 선택하기 위해 이새의 아들들을 평가할 때, 하나님은 사무엘에게 주의를 주셨다. "그의 용모와 키를 보지 말라. 내가 이미 그를 버렸노라. 내가 보는 것은 사람과 같지 아니하니 사람은 외모를 보거니와 나 여호와는 중심을 보느니라"(삼상 16:7).

하나님의 시선은 우리와는 달리, 우리의 중심에 고정돼 있다.

### 하나님의 명령을 성취하는 것

창세기 1장 28절에 흥미로운 내용이 나온다. 하나님은 자기 형상대로 남자와 여자를 창조하신 후에 두 사람에게 위임 명령을 내리신다. "하나님이 그들에게 복을 주시며 하나님이 그들에게 이르시되 생육하고 번성하여 땅에 충만하라, 땅을 정복하라, 바다의 물고기와 하늘의 새와 땅에 움직이는 모든 생물을 다스리라 하시니라"(창 1:28).

모든 사람은 하나님의 형상대로 창조되었다. 하나님은 누구에게나 권위와 책임과 능력을 주셨다. 이것은 우리의 목적과 가치를 결정하는, 정체성의 참된 근원이다. 하나님은 창세기 1장 28절에서 세 가지의 기본 명령을 주신다.

- 다스리라. 문제의 과정과 운명에 대해 직접 결정하라.
- 정복하라. 모든 것을 다스림 가운데 두고, 부지런히 관리하여 그 통치를 유지하라.
- 생육하라. 번성함을 통해 가치를 창조하라.[9]

'영역'이란 책임을 지고 있는 모든 것을 말한다. 하나님이 당신에게 어떤 영역을 맡기셨는가? 어떤 사람, 환경, 자산이 당신이 책임질 영역 안에 있는가? 가장 먼저, 당신이 다스려야 할 첫 번째 사람, 곧 당신 자신에 대해 생각해 보자. 우리는 우리에게 주어진 육체, 기질, 재능 및 은사를 다스려야 한다. 하지만 이것들을 다스릴 책임이 우리에게 있음에도, '하나님께 순종해야 한다'는 말로 우리의 무책임을 합리화하곤 한다.

캐시는 언제나 자기의 외모가 맘에 들지 않는다고 말했다. 캐시가 문제 삼는 것은 하나님의 창조가 아니었다. 그것은 20킬로그램이나 불어난 몸이었다. 캐시에게는 몸무게가 늘어날 만한 건강상의 문제가 없었다. 그녀는 식욕을 다스리지 못했고 몸을 움직이지 않았을 따름이다. 하나님께 불평하는 것이, 그분이 맡기신 것에 대해 책임지기보다 쉬운 법이다.

린의 빈정대는 습관은 항상 사람들을 불안하게 했다. 린의 친구들은 그녀가 자신의 내면을 직면하도록 도우려 했지만, 그녀는 자기도 어쩔 수 없다고 말했다. 그녀는 자신의 매서운 혀와 불 같은 성격이 선천적인 것이라고 강조했다. 자기 기질에 대해 '유전'이라고 주장하기란, 바른 성품을 갖기 위해 책임지고 노력하기보다 쉬운 법이다.

샤를린은 있는 그대로의 자기 모습을 받아들이기 힘들어 했다. 그녀는 자기에게 아무런 재능이 없다고 주장했다. 하나님이 은사를 분배하실 때 그녀를 모른 척하셨다는 것이다. 그게 사실일까? 하나님을 비난하는 것이, 있는 그대로의 모습으로 하나님을 섬기기보다 쉬운 법이다. 그들은 '자기 영역을 다스리고 책임지는 것'을 달가워하지 않았다. 앞서 소개했던 사랑하는 루마니아 친구 샌디는 자기를 불편하게 만드는 기질에 힘써 대처했다. 하나님이 그녀를 지도자로 사용하실지 안 하실지 알고 싶었기 때문이다. 반면 샤를린은 가만히 앉아 자포자기하기를 선택했다.

하나님이 우리 인생의 캔버스 위에 그림을 그리고 계신다는 사실을 잊지 말라. 우리의 몸은 단지 액자일 뿐이다. 하나님은 아름다운 그림을 그려서 그것을 액자에 넣으려고 하신다. 하지만 우리가 없이는 하나님은 이런 미술 작품을 창조하실 수 없다. 이 작품은 하나님과 우리 사이에 평생에 걸친 공동 작업이다. 만약 액자를 비판하거나 하나님의 붓놀림에 저항한다면 결코 만족을 발견할 수 없을 것이다. 만족은 당신을 교묘히 피해 다닐 것이다. 그렇지만 당신이 그림과 액자를 완벽하게 조화시키는 하나님의 예정하심과 당신을 통해 밝게 드러나는 하나님의 메시지에 집중한다면, 당신은 "난 나에게 만족해"라고 말할 수 있다.

레오나르도 다 빈치가 스승 밑에서 공부하던 학생 시절, 하루는 스승이 그를 불러 자기 그림을 마무리해 달라고 부탁했다. 스승은 나이가 많아 이제 그림을 그만 그려야 할 때가 왔다고 생각하고 있었다. 젊은 다 빈치는 스승의 기술을 대단히 존경하던 차였으므로 스승의 작품에 붓을 대야만 한다는 제안이 두려웠다. 스승은 그저 "최선을 다하거라"라고 말했다.

다 빈치는 붓을 쥐고 이젤 앞에 무릎을 꿇었다. 그리고 기도했다.

"사랑하는 스승님을 위해 이 일을 잘 수행할 수 있도록 기술과 능력을 주십시오." 그가 색칠을 시작했을 때 손은 차분해졌고 잠자던 천재성이 깨어났다. 그는 걸작품을 만들어냈다.[10]

친구여, 이제 손에 붓을 들고 우리 주님 앞에 무릎을 꿇지 않겠는가?

 만족의 사람 | 마리안나

실용성 위주로 지어진 황량한 아파트 단지 둘레에 갈색 진흙길이 나 있었다. 비가 내린 뒤라 내 신발이 뻘처럼 변해 버린 그 진흙길에 빠져들었다. 나무와 꽃들은 어디로 간 걸까? 내 심장은 다른 여인들과 마찬가지로 두근거렸다. 나는 시멘트 계단을 따라 살금살금 마리안나의 단칸방이 있는 7층으로 올라갔다. 사는 곳은 11평에 불과했다. 마리안나와 남편은 거실에 있는 침대에서 잤고 세 아이들은 침실을 나눠썼다.

내가 들어가자 스무 명의 여성들이 끌어안고 양 볼에 입 맞추며 반겨주었다. 그녀들이 얼마나 사랑스럽던지! 하지만 너무도 지쳐보였다. 당시 루마니아에서는 누구나 일주일에 5.5일을 노동해야 했다. 자녀가 있는 여성도 예외가 될 수 없었다. 음식이 귀해 대부분의 여성들은 일하러 가기 전에 매일 몇 시간 동안 줄을 서야 했다. 이 말은 새벽 4시에 기상해서 오후 6시에 귀가한다는 것을 의미했다. 저녁시간은 요리하고(인스턴트 음식이나 맥도널드는 이용할 수 없다), 세탁하고(대개 손빨래다), 빨래를 너는 데에 사용됐다.

고된 육체의 생존보다 더 힘든 것은 영적으로 억압하는 분위기였다. 기독교 모임은 금지되었다. 성경공부가 발각되면 가택수색, 심문

혹은 더 가혹한 일도 당할 수 있었다. 마리안나는 누군가가 문을 두드리면 '생일축하 노래'를 부르기 시작하라고 말해 주었다. 이 여성 모임은 한 달에 한 번 있었다. 날짜, 시간, 장소는 입에서 입으로 혹은 '생일 파티가 …에 열릴 거예요'와 같은 애매한 전화통화로 전달되었다.

내가 이 비밀 모임에 가게 된 것은 결혼생활에서 아내의 역할에 대해 나누기 위해서였다. 마리안나가 아내의 역할을 감당하는 데 있어 얼마나 성장했는지 고백할 때 나는 할 말을 잃었다. "매일 일터에서 돌아오면 30분 동안 쪽잠을 자요. 그렇게 하면 18살짜리 아들보다 늦게까지 깨어 있으면서 남편과 둘만의 시간을 가질 수 있죠. 지금은 둘만의 대화를 위해 아파트 단지 주변을 산책해요…. 지난 5개월 동안 돈을 모아왔어요. 이제 한 달 후면 둘이 함께 호텔에서 하룻밤을 지낼 만한 돈이 돼요."

그녀의 말이 내 마음에 비수처럼 꽂혔다. 하룻밤 호텔을 이용하려 돈을 모으는 데 6개월이 걸린다고? 그 진흙길에서 매일 산책한다고? 주님의 말씀이 내 마음에 메아리쳤다. "많이 받은 자에게는 많이 요구된다." 마리안나는 가진 것이 얼마나 적은가. 내가 받은 것은 얼마나 많은가. 그녀는 자신의 역할에서 긍정적인 면을 생각하기로 선택했고, 모든 것을 하나님과 남편에게 주었다. 나는 과연 그녀처럼 말할 수 있을까?

# 4
## 만족하지 못하는 것 : 내 역할

"린다, 당신은 행복한 결혼생활을 하는 여자예요. 내가 아는 사람 중에 그런 사람은 없어요. 그동안 선교사로 와 있는 기혼 여성들을 만나보았지만, 40명 중 고작 3명만이 결혼한 것을 기뻐해요." 이 진지한 비평은 존경하는 한 미혼 선교사에게서 나온 것이다. 과연 그녀의 말이 옳을까? 그리스도를 사랑하고 그분을 간절히 섬기고 싶어하는 여성들이 어떻게 자기의 결혼생활에 만족하지 못하고 있는 인상을 줄 수 있을까?

한편 미혼자들을 상대하는 프레드 목사도 이와 비슷한 관찰을 했다. 그는 교회에 출석하는 미혼자들이 독신으로 사는 것에 만족하고 있느냐는 물음에 이렇게 대답했다. "절대로 아닙니다! 종종 미혼자들이 사무실로 찾아와요. 그네들은 자기네 삶이 외로워서 힘들다고 합니다. 어쩌면 그들은 천생연분인 사람(Mr. Right!)이 나타날 때까지 기다리려 할 겁니다. 그들은 독신으로 사는 것이 전혀 하나님의 뜻이 아니라고 믿고 있어요."

아이러니하지 않은가? 미혼 여성들은 기혼 여성들을 보면서 '배우자가 있었으면' 하고 소망한다. 기혼 여성들은 배우자를 보면서 '다른 남자였더라면' 하고 소망한다. 자녀가 없는 여성은 자녀를, 엄마가 된 여성은 아이들의 학교 가는 날을 기다린다.

이게 현실이라면, 지금 이 시점에서 당신이 맡고 있는 역할에 만족하는 게 더 쉽지 않겠는가?

### 난 그때까지 기다릴 수 없어

아내이자 엄마인 쉐릴, 아내이자 엄마이자 대학원생인 로라, 전문직 종사자로 아직 미혼인 테리, 이렇게 셋은 대학시절 룸메이트로 지냈고, 지금도 서로 연락을 주고받고 있다. 다음에 소개할 내용은 그들이 주고받은 이메일에서 발췌한 것인데, 여기에서 하나님이 맡기신 역할에 대한 생각과 고민을 엿볼 수 있다.[1]

쉐릴에게

브라이언이 화학과 과장으로 승진했다는 소식을 어서 알려주고 싶어! '드디어'라고 말이야. 캐더린과 팀 모두 고등학생이 되었고, 무엇보다 놀라운 소식은, 나도 다시 학생이 되었다는 거야! 항상 회계학 석사과정을 마치지 못한 게 후회가 됐거든. 하지만 브라이언을 설득하고 내 스스로의 길을 헤쳐가기는 무척 어려웠어. 그나마 아이들이 잘 따라주었고 … 너도 그 얘긴 알잖니 … 그러니, 이제부턴 내 차례야! 똑똑했던 너는 학교를 무사히 마쳤고, 가정을 꾸리기 전에 네 힘으로 직장을 잡았지. 넌 모든 것을 가졌어. 옛날에는 성공적인 직장 경력을, 지금은 사랑스런 세 아이들을 …. 원더우먼이지 뭐! 시간 있을 때 답장 주렴.
로라로부터

로라에게
학교로 돌아간다고? 그 나이에 대학원 생활이라! 얘, 너무 재밌을 거 같은데! 생각해봐. 이제 몇 학기가 지나면, 너는 우리 시대의 유명인들이 즐겨 입는 그 비싼 옷들을 쇼핑하러 다니게 될 거야. 질투 나는 걸? 내 옷장도 아름다운 옷으로 가득하지만, 요즘 입는 옷은 스웨터뿐이야. 사실, 내게 맞는 옷은 그게 전부거든. 지난달에 쌍둥이가 4살이 되었는데, 난 5킬로의 살을 더 빼야 해. 어제 슈퍼마켓에 갔는데 내 뒤통수가 젤리 자국으로 범벅이 되어 있었어. 얼간이가 된 기분이었지! 넌 정말 행운아야! 열심히 하렴. 오븐에 불고기를 넣을 시간이야. 그리고 오후에는 아이들을 데리러 가야 해.
쉐릴로부터

로라에게

목요일에 스위스에서 돌아왔어. 우편함을 정리하고, 시들어버린 화초에 물을 줬어. 그리고 이젠 멕시코시티로 떠나야 해. 다행히 기내식이 너무 맛없어서 지난달에 2킬로가 빠졌단다. 쉐릴이 그러더라, 네가 학업을 다시 시작하게 됐다고. 얼마나 멋진 일이니! 살림하고 아이들 키우느라 네가 가진 재능을 모두 썩히기엔 넌 너무 똑똑해. 참! 롱아일랜드에 있는 그 변호사를 소개시켜 줘서 고마워. 근데 그 사람 이름이 토니 '라이트'(Right)지 뭐니, 믿을 수 없어! 나는 18일부터 23일까지 한가한데, 그 사람은 22일부터 25일까지 한가하대. 그래서 우리는 22일이나 23일에 함께 저녁을 먹기로 했어. 자세한 얘기는 나중에 해줄게. 제네바에 있는 고객한테 서류 몇 장을 보내줘야겠다.

테리로부터

테리에게

스위스? 멕시코시티? 참을 수 없어! 내가 정말 하고 싶은 게 여행이었는데! 브라이언과 나는 두 아이들만 집에 둘 수 없어 어디로도 떠나지 못하거든. 캐더린은 얼마 전에 운전면허를 땄는데 조금은 무서웠나 봐. 팀은 운동을 너무 좋아해서 우리랑 휴가를 떠나는 것도 싫어할 정도야. 난 4년만 더 참자고 스스로를 달래는 중이야. 그때가 되면 너처럼 이 세상의 모든 자유를 만끽할 거야. 돈은 없는데 모든 자유라…. 너, 학비가 얼마나 드는지 아니? 주립대학인데도 엄청나. 캐더린은 수의학과에 가기로 결정했어. 집에 있는 고양이 집 청소는 한번도 해본 적 없는 그 아이가 왜 남의 애완동물을 돌봐주는 걸 좋아하게 될 거라고 생각하는지 모르겠어. 아이 걱정할 필요가 없는 넌 정말 행운아야.
로라로부터

테리에게
방금 전에 스쿨버스가 와서 아담을 태워갔어. 쌍둥이는 아래층에서 낮잠 자고 있고…. 그래서 이 이메일을 끝마칠 수 있을 거 같아. 이걸 다 읽고나면 새로 산 흰 블라우스가 지금은 자주색이 되었다는 걸 알게 될 거야. 아침식사 시간에 발생한, 길고 복잡한 사건 때문이지. 이 사건에 대해서는 자세하게 말하지 않을래. 우리가 카펫을 '반드시' 새로 사야 한다면 충분히 알아듣겠지. 내 생일을 기억해 줘서 고마워. 향기 나는 비누와 거품 목욕 용품은 정말 멋진 선물이야. 뜨거운 물에 푹 잠길 생각을 하면서 쌍둥이네 유치원이 시작되는 이번 가을을 학수고대한단다. 몇 주 전에 로라가 그러더라. 학위를 마치려고 학교로 돌아간대. 난 너무 부러워! 요즘에 내가 시간을 내서 읽은 책은 '뛰다(hop), 터지다(pop), 오르다(top), 멈추다(stop)' 같은 단어만 반복하고 있어. 가능할 때 연락해. 네가 여행 많이 하는 거 알고 있으니까 이국적인 장소들에 관한 이야기를 듣고 싶어.
쉐릴로부터

쉐릴에게
너희 집에서 주말을 보낼 수 있으면 좋으련만. 아담과 쌍둥이를 무릎에

눕히고 이 지겨운 판매 보고서 대신에 '뛰다(hop), 터지다(pop), 오르다(top), 멈추다(stop)'를 읽어주면서 말이야. 너를 사랑해 주는 가족이 있는 게 얼마나 행복한 일인데! 난 아직도 가족을 꾸려보고 싶긴 하지만, 내 생물학적 시계는 이미 다른 시간대로 떠나버린 것 같아. 지난주는 파리에서 보냈어. 너무 부러워하지 마. 난 바게트가 너무 싫어. 다음에 해외로 나가게 되면 이 놀라운 빵을 싸가지고 갈게.
테리로부터

로라에게
어제 나쁜 소식이 있었어. 은행에서 전화가 왔는데, 린다 데이비스가 부행장으로 승진했대. 그 여자는 나를 고자질 하곤 했잖아! 게다가 일도 그리 잘하는 사람은 아냐. 자기 가계부도 잘 못쓸 걸? 그런데 이제 행장 자리를 노리게 되었구나. 테리는 파리에 있다. 음식에 대해 불평하더라고. 상상이 돼??? 더 많은 얘기는 다음에 쓸게. 쌍둥이가 깨어나서 포도주스를 달래. 너도 그게 얼마나 위험한 일인지 알잖니.
쉐릴로부터

테리에게
너, 아마 못 믿을 걸? 나 임신했어! 어떻게 된 일인지는 나도 몰라! 아니, 언제였는지는 전혀 기억을 못하겠다는 거지. 나만의 인생을 갖기를 고대해 왔는데, 결국 이렇게 되어버렸어! 왜 나지? 왜 지금이지?
충격에서 벗어나지 못하고 있는 로라로부터

쉐릴에게

로라 소식 들었니? 3월에 출산 예정이래. 걔는 지금 충격에 빠져 있어. 하지만 결국 맘 편히 먹으리라고 믿어. 두 번째 가족을 갖는 기분일 거 같아. 태어날 아기가 고등학교를 졸업할 때 로라가 쉰다섯 살이 된다는 거 아니? 걔가 이걸 깨달으면 어떻게 반응할지 궁금해. 나, 결국 롱아일랜드에서 만난 라이트 씨와 사귀게 됐어. 얼마나 갑작스런 일인지! 그는 자기 일에만 치중하는 거 같아. 한 번 더 만나자고 하기에 13일과 29일에 시간이 있다고 말했거든. 그랬더니 28일에 같이 저녁식사를 하자며 나더러 일본에 가는 걸 24시간만 연기해 줄 수는 없냐고 그러더라. 스케줄을 조정해야 하는 사람이 왜 나여야 하지? 왜 자기 일정을 바꾸면서까지 나를 최우선으로 두는 멋진 남자를 만나지 못하는 걸까? 내가 지나친 걸 바라는 걸까?

테리로부터


테리와 로라에게

이제부터 너희 둘에게 같은 편지를 보낼게. 나로서는 한 통밖에 보낼 수 없는 처지거든. 오늘 아침, 아담의 햄스터가 변기에 떠다니는 걸 봤어. 거기서부터 오늘 하루가 꼬이기 시작한 거지. 쌍둥이가 생일선물로 받은 거품 목욕 용액을 마셨고, 응급 요원은 두 아이가 마신 걸 도로 토해낼 때까지 집에 못 가게 했어. 아이들이 다 자랄 때까지 기다릴 수가 없어. 보수를 받으면서 휴가를 즐길 수 있는, 멋지고 여유로운 직업으로 돌아갈래!

쉐릴로부터

P.S. 우리는 학창시절에 어른이 되기까지 기다릴 수 없었잖아. 어른이 되면 원하는 건 뭐든지 할 수 있다고 생각했으니까. 그런데, 그때가 정확히 언제일까?

쉐릴이 좋은 질문을 던졌다. 우리가 어른이 되는 때는 언제일까? 자기 인생을 다른 사람과 비교하지 않을 때, '천생연분'(Mr. Right)을 기다리지 않을 때, 다른 이성과 결혼했다면 어땠을까 하고 바라지 않을 때, 아니면 아이들이 좀더 다루기 쉬운 나이로 자라 있기를 바라지 않을 때, 바로 그때일 것이다.

우리가 성숙해진 때는, 하나님의 관점에서 인생과 역할을 볼 때, 하나님이 맡기신 역할에 감사하고 우리의 잔을 십자가가 아닌 선물로 보기 시작할 때, 매일 아침 "하나님, 오늘 내게 주신 역할 안에서 어떻게 당신을 영화롭게 할 수 있을까요?"라고 물을 때다.

## 당신은 어떤 역할을 맡고 있는가?

누구에게나 인생에서 맡는 역할이 있다. 역할은 '연극의 배역'이라고 할 수 있다. 줄리아 오몬드는 영화 〈사브리나〉(Sabrina)에서 두 남자의 사랑을 동시에 받는 여성 역을 맡았다. 〈첫 번째 기사〉(First Knight)에서는 사랑하는 사람들을 위해 사느냐 죽느냐를 결정해야 했던 여왕 제네비브 역을 맡았다. 한 배우에 의해 전혀 다른 두 역할이 그려진 것이다. '역할'이라는 단어는 인생에서 맡게 된 '배역'을 설명할 때 사용된다. 줄리아 오몬드와 마찬가지로 우리도 삶에서 여러 가지 역할을 맡는다.

엘리자베스는 많은 역할들에 익숙하다. 그녀는 사랑에 빠져 결혼을 고민한 적이 있고, 대학졸업 후 4년 동안 혼자로 지냈다. 그리고 마침내 사랑하는 이와 결혼했을 때 그 결혼이 영원하리라고 믿었다. 2년 3개월 후 그녀는 새로운 역할을 맡았다. 미망인이다. 14년 동안 그녀는 다시 혼자로 지냈다. 하나님은 두 번째 남편으로 그녀를 놀라게 하셨다. 다시금 아내의 역할을 맡게 되었다. 이번에는 6년이었다. 그녀는 또 다시 미망인이 되었다. 하나님이 그녀를 세 번째 남편에게 인도해 주셨을 때 그녀는 깜짝 놀랐다.

엘리자베스는 맡은 역할을 모두 은혜롭게 수행했다. 그녀는 모든 역할이 하나님의 선물이라고 믿었다. 어떻게 미망인이 되거나 혼자 남는 것이 선물일 수 있냐고 물을 수도 있다. 엘리자베스의 대답을 들어보자.

23세 때, 하나님은 홀로 남겨지는 선물을 주셨다. 27세 때, 결혼의 선물을 주셨다. 29세 때, 미망인이 되는 선물을 주셨다. 나는 더 이상 아내가 아니었다. 나는 미망인이었다. 그것은 또 다른 혼인 서약, 또 다른 선물이었다. 하지만 남편이 죽었을 때 선물이라는 말이 떠올랐다고는 결코 상상하지 말라. 정신을 잃은 나로서는 "오 주여"가 전부였다. 여러 해에 걸쳐 한 번에 한 단계씩 (벗길 수 없는) 고통의 신비를 벗겨나가면서, 그제서야 모든 것이 선물임을 깨닫게 되었다. 내가 남편을 잃은 미망인이라는 것도 말이다.

나는 평강을 발견했다. 이 말은 외롭지 않았다는 말이 아니다. 나는 끔찍이도 외로웠다. 슬프지 않았다는 말도 아니다. 나는 애절히도 슬펐다. 하지만 세상이 줄 수 없는 평강이 찾아왔다. 고통을 없앰으로써가 아니라 전혀 다른 방식, 즉 고통을 받아들임으로써 말이다.[2]

당신도 짐작했겠지만, 엘리자베스의 성은 엘리엇(Elliot)이다. 그녀의 남편 짐 엘리엇이 선교사로 들어간 에콰도르에서 원주민에 의해 순교한 사실은 알고 있을 것이다. 우리는 위의 글로부터 그녀가 영원에 초점을 맞췄음을 알게 된다. 그녀는 깊은 외로움을 경험한 사람인 동시에 하나님이 위대하게 사용하신 사람이다. 그녀가 전적으로 하나님의 것이었기 때문이다.

나는 이제껏 인생에서 6가지 역할을 맡아왔다. 나는 생물학적 어머니, 입양한 어머니, 양육한 어머니, 영적인 어머니, 대모(代母), 그리고 할머니였다. 하나님이 기쁘게 허락하신다면, 조만간 나는 증조할머니가 되는 특권을 누리게 된다!

당신은 어떤 역할을 맡았는가? 당신은 하나님이 맡기신 역할에 만족하는가? 하나님이 당신의 현재 역할을 주관하시는 복되신 통치자임을 믿는가? 하나님은 당신에게 최고의 선물을 주셨는가?

하나님이 우리에게 주신 분깃이 최고라고 믿는다면, 우리는 마음 속 깊이 만족할 수 있다. 하나님이 우리에게 주신 분깃을 받아들이지 않는다면, 우리는 만족을 모르는 사람이 될 것이다.

### 모든 역할이 다르다

어떤 역할이든 똑같은 건 없다. 당신의 배우자가 당신이 생각했던 상대, 혹은 당신이 바랐던 그 사람이 아닐 수도 있다. 수십 년을 한결같이 매일 같은 얼굴을 마주하면서도 여전히 뜨겁게 사랑하고 여전히 최선을 기대하기란 어렵다. 결혼생활을 흥미진진하게 이어가고, 열린 대화를 나누고, 단조롭거나 무덤덤해지지 않는 관계를 유지하기란 어렵다. 그렇다, 정말 어렵다. 하지만 노력할 가치는 충분하다! 조디와 나는 얼마 전 34번째 결혼기념일을 지냈다. 우리의 하나됨과 사랑은, 단언하건대, 해가 갈수록 더 깊어져왔다. 우리가 경험하는 친밀감은 쉽게 얻은 것이 아니다. 매일 매일이 똑같은 현실의 삶에서 일구어낸 것이다. 나는 오늘 우리가 갖게 된 것을 무엇과도 바꾸지 않을 것이다. 나를 믿어보라. 이것을 위해 희생을 치를 가치가 충분하다.

나는 미망인이 되어본 적도, 혼자 살아본 적도 없지만, 친구들의 말을 빌리자면 그 상황에서는 외로움이 가장 힘들다고 한다. 엘리자베스 엘리엇은 이렇게 말했다. "어떤 면에서 볼 때, 혼자 사는 사람들은 주류 사회의 부적응자들이다. 배우자와 사별했다고 말하는 순간,

사람들의 눈에 비치는 우리 모습은 마치 다리를 잃은 사람과 비슷하다. 하나님은 누구나 두 다리를 갖도록 의도하셨다. 두 다리가 제자리에 있을 때에는 인식하지 못하지만, 하나를 잃으면 인식하게 된다." 엘리자베스는 자기 운명이 다섯 번이나 바뀐 것을 즐거워해본 적이 결코 없다고 말했다. "단지 그렇게 되었다는 이유로 나는 균형을 잃은 듯한 느낌이 들었다. 그것은 내가 감당해야 하는 현실이었다."[3]

## 모든 역할은 기회를 제공한다

잠시 생각해 보자. 예수님이 왜 이 땅에 오셨는가? 예수님은 이렇게 말씀하셨다. "인자가 온 것은 섬김을 받으려 함이 아니라 도리어 섬기려 하고 자기 목숨을 많은 사람의 대속물로 주려 함이니라"(마 20:28).

예수님은 우리에게 동일한 목표를 가지고 이 세상에 들어가라고 요구하신다. 예수님은 자신을 낮추시고 종의 모습을 취하셨다. 예수님은 자기에게 맡겨진 역할을 통해 사람들을 섬기셨고 최고의 선물인 생명을 주셨다. 우리도 예수님처럼, 맡겨진 역할에 최선을 다한다면 어떻게 될까? 내 생각에는 이에 대해 생각해본 사람이 많지 않을 것 같다. 만약 생각해 봤다면, 우리의 태도는 바뀌었을 것이라고 믿는다.

래리 크랩 박사는 『결혼 건축가』(*Marriage Builder*)에서 '아내는 원하는 것을 얻기 위해 남편을 섬기거나 조종한다'[4]고 말했다. 당신은 어느 쪽인가? 섬기는 쪽인가, 아니면 조종하는 쪽인가?

결혼 여부와 관계 없이 우리 모두는 다른 사람을 섬기기로 결심할 수 있다. 섬김이란 어떤 모습이든 주어진 역할을 신실하게 감당하는 것을 의미한다. 그러니 남을 섬기기 위해 결혼할 필요는 없다.

엄마들도 아이들을 양육하고 함께 있는 시간을 소중히 여기기로 결심할 수 있다. 아이들이 집에 없는 날이 어서 오기를 기다리는 대신에 말이다. 우리에게 맡겨진 역할이 무엇이든 그것은 언제나 우리에게 섬김의 기회를 제공한다. 당신의 선택은 무엇인가? 섬기는 쪽인가, 아니면 조종하는 쪽인가?

만족을 아는 사람이 되고 싶다면 우리의 분깃, 하나님이 맡기신 역할을 받아들이기로 결단해야 한다. 삶에서 자신이 감당해야 하는 역할의 긍정적인 면을 생각하기로 결심해야 한다. 그렇지 않으면, 항상 우리가 받은 것 이외의 것을 바라면서 불만족하게 된다.

### 상황은 더 나빠질 수 있다

로라, 쉐릴, 테리는 자기 나름의 결정을 내렸다. 어떻게 자기의 고충을 해결해 가는지 읽어보자.

테리와 쉐릴에게
내가 지금 불평하고 있다는 건 알지만, 삶은 정말 희망이 없어보여. 의

사에게 다녀왔을 뿐인데 내 계획은 연기처럼 사라져 버렸어. 난 임신하기엔 너무 늦었단 말이야! 하나님도 그걸 아실까? 난 이미 아내와 엄마로서도 벅차. 교사 모임과 아이들 축구 경기에도 많은 시간과 에너지를 쓰고 있어. 곧 학생이라는 신분이 더해질 거였는데, 이건 일어나기로 했던 일이 아니잖니! 더 이상은 감당할 수가 없어. 난 정말 심각해.
로라로부터

로라에게
어떻게 불평할 수가 있니? 내 한결 같은 소망이 가족이고 가로수가 길게 늘어선 거리에 있는 나만의 집이었잖아. 직업은 결코 인생의 전부가 아니야. 주말동안 멀리 출장을 가서 일해야 한다면, 네 생각엔 누가 해당될 거 같니? 그래, 바로 나야. 다른 사람들은 아무리 불만스럽고 투덜대도 아이들의 주말 축구 경기를 빠트리지는 않으니까 말이야. 너네가 주말에 그러고 있을 때, 나는 어딘지도 모를 낯선 곳으로 떠나야 하는데, 그걸 누가 신경이나 써줄 거 같아?
테리로부터

테리와 로라에게
하나님은 '모든 것에 만족하라'고 말씀하셔. 오, 물론이지! 아이들은 소리 지르고, 집은 쓰레기장 같고, 냉장고엔 우유가 없어. 게다가 나는 어제 입은 속옷을 그대로 입고 있어. 왜냐하면 지난 열여덟 시간 동안 2분 연속 쉬어본 적이 한 순간도 없었거든! 이건 정말 내가 생각했던 아내와 엄마가 아니야. 도와줘!

쉐릴로부터


테리와 쉐릴에게

이 아기가 태어나 고등학교를 졸업할 때, 내 나이가 쉰다섯 살이 돼. 버거킹에서 할인 혜택을 받을 수 있는 노인이 되는 거야! 너희도 알다시피, 이건 그리 큰 재앙은 아니야. 무엇보다도 스트레스가 그렇게 심하지 않다면, 아이들이 우리의 젊음을 유지시켜 줄 거야! 그런 걸 생각하면 희망적이지!

로라로부터


로라와 쉐릴에게

지난 번 이메일에서 내 삶에 대해 불평했었지. 하지만, 난 정말 대체로 내 삶을 좋아해. 회사 돈으로 전 세계를 여행하고, 내가 아는 어떤 사람보다도 내 직업을 즐기고 있어. 내가 받은 교육과 하나님이 주신 능력을 사용하고 있잖아. 상황은 이보다 더 나빴을 수도 있는걸.

테리로부터


테리와 로라에게

나도 지난 번 이메일에서 불평만 잔뜩 늘어놨지. 아담, 켈리, 린이 나를 지치게 했어. 그야 뭐, 당연한 거지만! 하지만 정직하게 말하자면, 엄마라는 존재가 되는 건 내가 원하던 바야. 밤늦게 아이들 방에 살금살금 들어가서 작은 얼굴들을 바라보며 생각에 잠기면, 와우! 정말 기적이지! 난 쪽 소리가 나도록 입을 맞춰준단다. 그야말로 소중한 일이야.
쉐릴로부터

결국 로라, 테리, 쉐릴은 자기 역할의 긍정적인 면을 생각하기로 결정했다. 우리도 같은 결정을 내릴 수 있다.

### 하나님은 무엇을 요구하실까?

하나님이 우리에게 부여하신 역할을 평가하는 기준은 무엇일까? 성공? 완벽? 성경은 이렇게 말한다. "그리고 맡은 자들에게 구할 것은 충성이니라"(고전 4:2).

충성이 하나님의 기준이다! 하나님의 종인 우리에게는 완벽이나 성공보다 그저 충성이 요구된다. 우리는 위임을 받았다. 우리에겐 타고난 재능, 영적인 은사, 재정적인 자원 등 많은 것이 맡겨졌다. 하나님은 그분의 사랑 안에서 독신, 결혼, 심지어 미망인의 은사도 주신다. 하나님은 우리가 그분의 주권을 따라 그분을 최고로 영화롭게 할 수 있는 것은 바로 이 역할 안에서 충성할 때라고 말씀하신다.

당신에게 분배된 잔과 분깃이 하나님의 사랑 많으신 손에서 비롯된 것임을 믿는가? 당신의 역할을 남을 섬기는 데 사용하기로 결단하겠는가? 다음과 같이 기도하겠는가?

거룩하신 아버지, 당신은 제 역할에서 비롯될 기쁨과 아픔을 아십니다. 하지만 당신이 제게 허락하신 것에 종종 저항했음을 인정합니다. 저에게 기꺼이 섬길 수 있는 용기를 주세요. 오, 하나님, 당신께 충성하기를 간절히 바랍니다. 제게 맡기신 역할을 선물로 받아들이고 싶습니다. '저항을 멈추고 당신이 하나님이심을 알 수 있도록' 가르쳐 주세요.

 만족의 사람 | 앨리나와 린다

앨리나를 만난 날을 생생하게 기억한다. 내가 어찌 그 특별한 경험을 잊을 수 있겠는가? '이건 너무 우스워! 여기 모인 사람들은 아무 것도 배우지 못하잖아. 나는 지금 내가 무슨 말을 하는지조차 모르겠는걸!'이라고 생각했던 내 모습이 기억난다.

폴란드의 산맥에 있던 어느 작은 방에는 12명의 여성들과 최소한 12명의 어린아이들로 북적였다. 내 말을 영어에서 폴란드어로 통역하는 앨리나조차도 3살 된 아들을 무릎에 놓고 토닥이고 있었다. 메시지를 전하는 도중, 지갑 안에 풍선껌과 연필이 들어 있다는 사실이 생각났다. 나는 여성들에겐 껌을 나눠주었고, 아이들을 종이와 연필이 놓인 테이블에 앉혔다. 소란스럽고 어지럽던 전체 장면은 웃음이 나올 만했다! 놀랍게도 앨리나는 통역을 훌륭히 수행했다.

그날 오후, 앨리나는 나를 자기 집에 초대했다. 그녀는 나를 주방 의자에 앉히고 내 눈을 바라볼 수 있을 때까지 몸을 기울였다. "린다, 사람들을 어떻게 섬기는 건지 가르쳐줘요." 그녀는 간청했다.

13년 전 그날 이후, 나는 하나님이 앨리나 같은 이의 마음을 어떻게 사용하셨고 또 지금도 사용하시는 것을 보며 즐거워하고 있다. 수천 명의 여성들이 앨리나의 말과 책과 교제를 통해 가르침과 격려와 위로를 받았다. 무엇보다도, 그녀는 나와 친한 친구가 되었다! 우리는 같은 나라에 살아본 적이 없다. 지금도 대양을 사이에 두고 살아간다. 하지만 기쁨과 '철을 제련하는 철'은 남아 있다. 진실로, 나와 앨리나의 관계는 하나님의 선물이다. 모든 관계들은 하나님의 선물이며, 또 그래야만 한다.

# 5
## 만족하지 못하는 것 : 관계

나는 충격을 받고 전화를 끊었다. 제나와 나는 좋은 친구라고 생각했었지만, 그녀의 전화는 그렇지 않다고 말하고 있었다. 어떻게 그런 말을 할 수 있지? 나와 문제가 있었다면 왜 내게 와서 말해 주지 않은 거야? 나는 제나와 그녀의 어린 아이들을 좋아했다. 그리고 사랑과 관심을 충분히 표현했다고 생각했다. 그녀가 가차 없이 내뱉는 말들이 내 심장에 못을 박았다. 그녀는 나더러 이기적이라고 했다.

나는 잠을 청했다. 하지만 그녀의 아픈 말들이 마치 녹음 테이프를 틀어놓은 듯이 계속 내 속을 휘저어놓았다. 시간이 갈수록 더해졌다. 기도하거나 다른 생각을 해보려 했지만, 제나의 말이 내 생각을 사로잡아버렸다. 나는 이렇게 소리치고 싶었다. "나가! 두 번 다시 네 말을 듣고 싶지 않아!" 가까스로 잠이 들었지만, 몇 시간 후에 깨어났을 때에도 테이프는 여전히 돌아가고 있었다.

제나를 용서해야 한다는 것을 알고 있었다. 하지만 그녀는 내가 용서해줄 만한 가치가 없는 사람이란 생각이 들었다. 그녀의 말이 온당치 못하다는 생각에서 벗어날 수 없었다. 나는 기도했고, 울었고, 남편에게 화를 냈고, 심지어 우리 집 강아지 바니에게도 화를 냈다. 용서하지 못하는 나를 하나님이 기뻐하지 않으신다는 것을 알았지만, 내 심장에 각인된 그 말을 잊는 것은 불가능했다. 배신감 때문에 상처를 입었다.

나는 25명의 여성들에게 과거에 자기가 깊이 사랑했던 사람에게 상처받은 경험이 있는지 물었다. 한 사람도 빠짐없이 그런 것을 경험했다는 사실을 믿을 수 있겠는가? 그래서 또한 의도했든 의도하지 않았든 누군가에게 상처를 준 적이 있는지도 물었다. 이번에도 모두가 그렇다고 답했다. 〈USA투데이〉는 성인들을 상대로 항상 큰 비중을 차지하는 마음의 관심사가 무엇인지를 물었다. 가장 높은 64퍼센트를 차지한 대답은 '사랑하는 사람들과의 관계'였다.[1]

그렇다. 우리를 만족하지 못하게 하는 상당 부분이 다른 사람과의 관계에서 발생한다. 당신이 맺고 있는 관계들을 생각해 보라. 배우자의 관계에서 100퍼센트의 평강을 누리고 있는가? 자녀, 동료, 가족, 친구들과의 관계에서는 어떤가?

성경은 서로 사랑하고 섬기고 격려하라고 명령한다. 이 명령에 순종할 때, 인간관계는 삶의 기쁨과 아름다움을 선사한다. 그 무엇도 가족의 사랑과 친구의 사랑만큼 황홀한 것이 없다. 그리고 그 무엇도 그 사랑의 배신만큼 깊은 상처를 주는 것도 없다. 나는 예전에 이웃에 살던 사람이 했던 말에 동의한다. "사람들과 관계를 맺을 필요가 없다면 만족할 수 있을 텐데…."

### 관계에서 오는 갈등

지난 몇 달 동안 관계에서 비롯되는 갈등에 관해 내가 들은 이야기를 소개한다.

줄리의 문제: 남편

"코피가 나서 화장지를 뽑으려고 손을 넣었더니 거기서 포르노 사진이 나오더군요. 내 남편이? 구역질이 났어요. 나는 코피가 아니라 마음에서 흐르는 피를 닦아야 했구요."

미첼의 문제: 동료

"거절감. 수치심. 나의 좌절감을 표현할 만한 단어를 찾았어요. 하지만 더 이상 사람들 앞에서 강의할 수 없다는 말을 들었을 때의 심정은 어떤 단어로도 표현이 안 되더군요. 무엇보다 나를 좌절시킨 건, 그 이유가 뭐냐고 내가 물었을 때 아무도 설명해 주지 않는다는 거였어요. 오랫동안 크리스천 사역 단체에서 함께 섬겨온 내게 어떻게 이럴 수 있죠? 나는 하나님이 사람들의 삶을 바꾸는 데 나를 기쁘게 사용하셨다고 믿어요. 이건 부당한 처사예요!"

샌디의 문제: 룸메이트

"데나와 나는 5년 동안 함께 생활한 친구예요. 내 생각엔, 우리 둘 중 어느 누구도 결혼하지 않을 것 같았죠. 그런데 하나님께서 내게 제임스를 데려오셨어요. 제임스야말로 내가 기다려온 남자라고 확신했죠. 그리고 이 관계가 결혼으로 발전될 거라고 믿었어요. 그런데 데나가 중간에 끼어들고 말았어요. 내가 얼마나 상처받았는지 데나는 알까요? 더 이상 이 집에서 데나와 함께하긴 힘들어요. 난 소중한 친구를 한꺼번에 둘이나 잃었어요."

이 사람들이 무엇을 경험하고 있는가? 배신감이다. 나도, 당신도, 그리고 주 예수님도 겪으신 그 배신감이다.

### 예수님의 모범

당신이 느껴봤던 모든 상처, 두려움, 거절감은 주 예수님이 겟세마네 동산에서 동일하게 겪으신 것이다. 밤중에 동산으로 기도하러 올라가실 때에 예수님은 알고 계셨다. 배신당하고 십자가에서 고통스럽게 죽음을 맞이하리라는 것을 말이다. 예수님은 제자들에게 자신이 슬픔으로 인해 심장이 터질 지경이라고 털어놓으셨다. 그리고 자기와 함께 깨어 있어 달라고 부탁하셨다. 예수님은 제자들과 조금 떨어진 곳에 가서 기도하셨다. "내 아버지여, 만일 내가 마시지 않고는 이 잔이 내게서 지나갈 수 없거든 아버지의 원대로 되기를 원하나이다"(마 26:42). 얼마 후에 예수님이 제자들에게로 돌아왔지만 모두 잠들어 있는 모습을 발견하셨을 뿐이다. 어떻게 건장한 세 어부들이 기력이 부족해서 한 시간도 깨어 있을 수 없었을까? 숱한 밤을 뜬눈으로 갈릴리 바다에서 보낸 그들이 아니던가.

우리는 예수님이 육체를 입으신 하나님이기에 내가 느끼는 것과 같은 상처나 거절감은 느끼지 않으셨으리라 생각하기 쉽다. 하지만 성경은 예수님이 고통 중에 계셨다고 말한다. 예수님은 슬퍼하셨고 아파하셨다. "내 마음이 매우 고민하여 죽게 되었으니 너희는 여기 머물러 나와 함께 깨어 있으라"(마 26:38). 예수님에겐 친구들이 필요했다. 고민을 함께 나누기 위해 그들을 초대하셨다. 그러나 그들은 끝내 그분과 함께 깨어 있지 못했다. 더더욱 안 좋은 것은, 이런 일이 두 번이나 더 발생했다는 것이다! 한 번 실망하는 것도 큰일인데, 친구들이 당신을 두 번이나 실망시켰을 때 어떤 기분일지 상상할 수 있겠는가?

친구들이 당신을 실망시켰을 때의 고통이 어떤 것인지 당신은 잘 알고 있다. 어쩌면 당신도 남에게 상처를 준 경험이 있는 사람일지 모른다. 당신은 깨어서 기도하겠다고 약속하고선 잠들어버리는 그런 친구였다. 당신은 죽음의 위기에 처한 주님과의 맹세를 부인하는 '베드로'와 같은 친구였다. 관계에서의 장애물은 당신이 실수한 결과이거나 당신과 친구 모두가 실수한 결과다. 당신은 지금 막다른 골목에 서 있다. 어떤 위로도 상처를 치료할 수 없을 것 같다.

'사랑한다는 것'은 상대방이 나에게 상처를 줄 것에 대한 가능성을 열어두는 것이다. 우리가 만족하거나 평안하지 못하는 이유는 대개 관계에 대한 지나친 기대감에서 비롯한다. 예수님은 제자들에게 그분의 슬픔을 함께 나누자고 부탁하셨지만, 그들은 예수님을 저버렸다. 그때 예수님의 대답은 무엇이었는가? "일어나라, 함께 가자…" (마 26:46).

나라면 이렇게 소리쳤을 것이다. "됐다! 내가 피땀을 흘리는데도 나와 함께 깨어 기도할 수 없다면, 너희가 내 고통에 참여할 수 없다면, 하룻밤도 너희 자신에 대해 잊을 수 없다면, 그래 됐다! 난 너희 없이 가겠다. 나에게 너희가 필요할 때 너희는 거기에 없었어. 잘 있거라."

예수님은 "함께 가자"라고 말씀하셨다. 우리에게도 그렇게 말씀하신다. 제자들이 예수님을 배신한 후에도 예수님은 그들에게 찾아가셨다. 그들은 계속 상처를 주었지만 예수님은 그들을 계속 용서하셨다. 예수님은 우리에게도 동일한 부탁을 하신다. "이를 위하여 너희가 부르심을 받았으니 그리스도도 너희를 위하여 고난을 받으사 너희에게 본을 끼쳐 그 자취를 따라오게 하려 하셨느니라"(벧전 2:21).

배신에 대한 그분의 반응을 보았을 때, 나는 나의 죄를 깨달았다. 나는 기꺼이 사람들의 불완전함을 뛰어넘어야만 한다. 예수님이 하신 것처럼 말이다. 완전하지 않으면 용서할 수 없다고 내가 계속 고집을 부린다면, 나는 아무 것도 얻지 못할 것이다. 나는 기꺼이 용서해야만 한다! 만족하기를 원한다면, 반드시 그렇게 해야 한다. 그렇지 않으면, 불안한 마음은 평온해지지 않을 것이다.

## 용서는 선택의 문제가 아니다

나는 폴란드 외곽에 있는 나치의 강제수용소, 아우슈비츠에 방문했던 날을 잊지 못한다. 함께 동행했던 누구도 입을 열지 못했다. 내 딸은 당장이라도 토할 것처럼 보였다. 아우슈비츠에는 아기 신발, 사람들의 머리털, 안경으로 쌓은 거대한 산들이 있다. 그것은 얼마나 많은 사람들이 거기에서 죽임을 당했는지를 보여준다. 아우슈비츠의 벽은 흑백사진으로 뒤덮여 있는데, 가스실, 소각로, 옥외사형장 등과 같은 수용소의 참상을 다큐멘터리 식으로 보여준다.

우리는 숙소를 돌아보았다. 수감자들은 나무 매트리스가 깔린 복층 침대에서 잠을 잤다. 이 불편한 숙소는 기생충과 벼룩과 해충들의 서식지였다. 수감자들은 화장실 대용으로 양동이를 사용했다. 폴란드는 기온이 영하가 되는 때가 많았지만, 건물에는 어떤 난방시설도 없었다. 생존자가 극히 적은 것은 당연했다.

강제수용소가 끔찍했던 것과 마찬가지로, 또 하나의 감옥도 고통스럽다. 찰스 스윈돌은 우리가 쓴 뿌리에 사로잡히면 어떻게 되는지를 통렬하게 표현했다.

쓴 뿌리는 깨진 하수구에서 새어나온 물과 같아서, 삶의 밑바닥에 가라앉아 있다가 어느 순간 역한 냄새와 함께 온갖 흉측한 것들이 수면 위로 떠오른다. 그것은 편견, 의심과 증오, 잔인함과 냉소 같은 것들이다. 내면을 상하게 하는 쓴 뿌리만큼 지독한 고문은 없다. 이것은 용서하지 못하는 마음의 부산물이다. 그리고 위로와 치유와 망각을 거부한다. 싸움을 끝내려 하지 않는 쓴 뿌리야말로 가장 해로운 감옥이다.[2]

그 해악에도 불구하고, 쓴 뿌리는 많은 사람을 사로잡고 있다. 용서가 이 감옥에서 벗어날 수 있는 유일한 탈출구다.

하지만 어떻게 내게 상처를 준 제나를 용서할 수 있단 말인가? 어떻게 줄리는 그런 일을 벌인 남편을 아무렇지 않게 대할 수 있단 말인가? 어떻게 미첼이 동료들을 용서할 수 있단 말인가? 어떻게 샌디가 룸메이트를 용서할 수 있단 말인가?

그리스도인에게 용서는 선택의 문제가 아니다. 예수님은 용서하라고 '명령'하셨다. 예수님은 우리에 대한 용서를 몸소 보여주셨다. 용서하지 못함은 우리 구세주에게 해를 입힐 뿐만 아니라 우리도 파멸시킨다. 용서의 결여는 우리 마음에 앙심이 뿌리내리는 원인이 된다. 히브리서 12장 15절은 이렇게 말한다. "너희는 하나님의 은혜에 이르지 못하는 자가 없도록 하고 또 쓴 뿌리가 나서 괴롭게 하여 많은 사람이 이로 말미암아 더럽게 되지 않게 하며."

신약에서 쓴 뿌리를 말할 때마다 동일한 헬라어 'pic'을 사용했다. 이 말은 '자르다, 찌르다'를 의미한다. 베드로는 주님을 부인하고 심히 (bitterly) 통곡했다(눅 22:62). 예수님을 배반했기에 그의 양심은 '급소에까지 찔림'을 당했다.

## 몇 번이나 용서하여 주리이까?

바로 그 베드로가 주님께 물었다. "주여, 형제가 내게 죄를 범하면 몇 번이나 용서하여 주리이까? 일곱 번까지 하오리이까"(마 18:21). 랍비들은 세 번 용서하라고 했기에, 베드로는 일곱이라는 제안이 대단히 관대하다고 생각했다. 그런데 예수님의 대답이 베드로를 꼼짝 못하게 했음이 틀림없다. "네게 이르노니 일곱 번뿐 아니라 일곱 번을 일흔 번까지라도 할지니라"(22절). 예수님은 가장 이상적인 용서의 횟수로 490번을 제안하시는 것이 아니다. "계속 용서하라. 몇 번이든 용서하라"고 말씀하시는 것이다.

그 후 예수님은 연속해서 용서에 관한 비유를 말씀하셨다.

> 천국은 종들과 계산을 하려는 왕에 비유할 수 있다. 계산하는 과정에서 천만 달러 빚진 한 종이 왕 앞에 끌려왔다. 그 종이 갚을 능력이 안 되자, 왕은 그에게 아내와 자식들과 가진 전부를 팔아 빚을 갚으라고 명령하였다. 그러자 그 종은 왕 앞에서 얼굴을 땅에 묻고 말했다. "오, 왕이시여, 조금만 참아 주십시오. 그러면 다 갚아 드리겠습니다." 그러자 왕은 그를 불쌍히 여겨 빚을 모두 면제해 주고 놓아 주었다. 그러나 그 종은 왕 앞을 떠나 자기에게 2천 달러 빚진 사람을 찾아갔다. 그리고 그의 멱살을 잡으며 당장 빚을 갚으라고 요구했다.
> 
> 그 사람은 그 앞에 엎드려 조금만 시간을 달라고 간청했다. "조금만 참아주게. 그러면 다 갚아 주겠네." 그러나 그 종은 기다려주지 않았다. 그

를 붙잡아 빚을 다 갚을 때까지 감옥에 가두었다. 그 사람의 친구들이 왕에게 가서 발생한 일을 아뢰었다. 그러자 왕은 이전에 용서해 주었던 그 종을 불러 말했다. "이 악한 놈아! 네가 간청하기에 모든 빚을 면제해 주지 않았느냐? 그렇다면 내가 네게 자비를 베푼 것처럼 너도 남에게 자비를 베풀어야 마땅하지 않으냐?"

그 후 진노한 왕은 마지막 한 닢까지 다 갚을 때까지 그 종을 고문실에 가두었다. 너희가 진심으로 형제를 용서하지 않으면 하늘에 계신 내 아버지도 너희에게 이와 같이 하실 것이다(마 18:23-35, TLB, 저자 사역).

이것은 심각한 얘기다. 예수님이 하신 말씀을 들어보았는가? 이 말은 곧, 내가 나에게 상처를 준 상대방을 용서하지 않으면, 배우자와 동료와 자녀와 친구를 용서하지 않으면 그 일의 희생자가 되리라는 의미다. 앙심 가득한 쓴 뿌리는 문자 그대로 나를 산 채로 먹어버릴 것이다. 나는 내가 만든 강제수용소에 갇히고 말 것이다. 스윈돌은 용서하지 못한 결과가 다음과 같다고 말했다. "그리스도인은 상대방을 철저히 그리고 완전히 용서할 때까지 말할 수 없는 고통과 감금을 당하는 사람이다. 설령 상대방이 잘못했을지라도 말이다."[3]

당신을 향한 하나님의 용서의 깊이를 이해하고 있는가? 하나님은 당신의 수백억짜리 빚을 탕감해 주셨다. 내 빚도 마찬가지다. 하나님이 나에게 제나의 2천 달러짜리 빚을 탕감해 주라고 요구하시는 것이 지나친 것일까? 줄리에게 남편을, 미첼에게 동료들을, 샌디에게 룸메이트를 용서하라고 요구하시는 것이 지나친 것일까? 당신에게 용서를 요구하시는 것이 지나친 것일까?

용서는 분노의 굳게 닫힌 문을 열고 증오의 수갑을 풀어주는 열쇠다. 용서는 앙심의 쇠사슬과 이기심의 족쇄를 깨뜨린다. 예수님은 십자가에서 돌아가시면서 "저들을 용서하여 주옵소서"라고 기도하셨다. 로마 병사들, 종교 지도자들, 어둠 속으로 달아난 제자들, 심지어 믿음이 흔들릴 때마다 수시로 그분을 부인했던 당신과 나를 가리키며 "저들을 용서하여 주옵소서. 자기가 하는 일을 알지 못하나이다"라고 기도하셨다.[4]

필립 얀시는 용서를 '부자연스런 행동'[5]이라 불렀다. 그의 말이 맞다. 용서는 어떤 경우에도 부자연스럽게 느껴진다. 하지만 용서는 '느낌'이 아니라 '마음의 결심'이다. 하나님은 제나와의 갈등을 통해 내게도 이 진리를 가르쳐주셨다.

### 나는 용서하기로 결심해야 한다

미국 적십자의 설립자인 클라라 바튼에 관한 이야기는 내가 어떻게 제나의 빚을 탕감해 줘야 하는지 이해하는 데 도움이 되었다. 어느 날 클라라는 몇 년 전에 누군가 자기에게 했던 악행을 생각나게 하는 말을 들었다. 하지만 그녀는 마치 그 사건에 대해 금시초문인 듯이 행동했다! "너 생각 안 나니?" 친구가 물었다. "안 나." 클라라가 대답하고 말을 이었다. "내가 그 사건을 잊어버렸다는 건 분명히 기억해."[6]

클라라는 그 악행을 용서하기로, 그 생각이 날 때마다 용서하기로 의식적인 결단을 내린 것이다. "그 사건을 잊어버렸다는 건 분명히 기억해"라는 대답은 곧 "용서하기로 결심했다는 걸 기억해. 그리고 난 여전히 용서하기로 결심하고 있어"라는 뜻이다.

제나는 나에게 용서를 구하는 편지를 보냈다. 이틀에 걸친 내적 갈등 끝에 나는 하나님 앞에 나아가 '복수의 칼'을 내려놓기 원한다고 고백했다. 클라라 바튼이 했던 것처럼 말이다. "하나님, 상처를 준 제나를 용서하기로 결심합니다. 용서하고 싶지는 않지만, 제 의지를 다해 용서하기로 결심합니다." 그 후 나는 제나에게 가서 말했다. "그래. 널 용서할게." 내가 용서하고 싶었을 것 같은가? 아니다. 하지만 옳은 일을 했기 때문에 하나님이 주신 평강을 경험했다.

나는 계속 용서하기로 결심해야 한다는 걸 알고 있다.

내가 제나를 용서하고 몇 개월이 지났을 무렵, 몇몇 사람들이 우리의 갈등에 대해 알게 되었다. 제나였다. 나는 우리 둘 사이의 일이 비밀이라고 생각했는데 말이다. 내 마음에 새로운 상처가 생겼다. 나는 다시 하나님께 나아가 기도했다. "주님이 요구하시는 한도가 얼마인지 잘 압니다. 오늘 내 안에 생겨난 또다른 상처를 봅니다. 이에 대해서도 그녀를 용서하기로 결심하겠습니다."

사람간의 갈등은 그 형태를 바꿔가며 여러 주, 여러 달, 심지어 여러 해 동안 내면에서 소용돌이칠 때가 많다. 한 번 용서하기도 어려운데, 상처가 다시금 휘저을 때마다 계속 용서하기란 얼마나 더 어렵겠는가? 하지만 이것이 예수님이 우리에게 요구하신 내용이다. 사실,

예수님은 더 많은 것을 요구하신다.

### 용서, 그 너머로

나는 제나를 용서하고 계속 용서하기로 결심했다. 하나님도 나의 이런 결심이 얼마나 큰 희생이 필요한지 잘 아실 것이다. 나는 드디어 내가 아픔을 극복하고 옳은 일을 했으니 조금은 우쭐댈 수 있다고 믿었다. 내 등을 두드리며 "잘했어, 린다. 임무 완수!"라고 말할 준비가 되어 있었다. 하지만 하나님은 내가 한 걸음 더 나아가길 원하셨다. 하나님은 속삭이셨다. "린다, 용서를 넘어서렴."

나는 "하나님, 이 정도면 충분해요!"라고 말하고 싶었다. 그때 로마서를 읽고 말았다.

> 사랑엔 거짓이 없나니 악을 미워하고 선에 속하라. 형제를 사랑하여 서로 우애하고 존경하기를 서로 먼저 하며…너희를 박해하는 자를 축복하라. 축복하고 저주하지 말라.…할 수 있거든 너희로서는 모든 사람과 더불어 화목하라(롬 12:9-10, 14, 18).

이 말씀은 내가 사랑이라는 감정을 느껴야 한다고 말하지 않았다. 사랑을 행하기로 결심하라, 존중을 행하기로 결심하라고 말하고 있었다. 축복한다는 건 감정에서 멈추는 것이 아니다. 의지의 행위로 표출되어야 한다. 나는 스스로에게 이 말씀을 적용해 보았다. "린다, 말로만 제나를 사랑한다고 해선 안 돼. 행동으로도 사랑하는 걸 보여줘야지. 자매로서의 사랑으로 제나에게 헌신하렴. 존중하는 마음으로 제나를 배려하렴. 제나를 축복하고, 저주해선 안 된단다. 제나에게 늘 같은 마음을 품으렴. 네가 할 수만 있거든 제나와 평화하렴."

여전히 내켜하지 않는 내가 어떻게 제나를 사랑하고 존중하고 축복할 수 있겠는가? 기도하던 중에 두 가지 생각이 떠올랐다.

- 하나님이 제나를 축복하시도록 간구하라.
- '사랑이라는 행동, 자비라는 행동'을 할 수 있기 위해 간구하라.

제나를 위해 기도하면서 "어떻게 그녀를 축복할 수 있나요?"라고 물었을 때, 하나님은 사랑을 표현하는 놀라운 방법을 가르쳐주셨다. 제나가 자기 사역에 대해 실망했을 때, 나는 그녀에게 격려의 편지를 썼다. 제나의 어머니가 방문했을 때, 제나와 그녀의 어머니를 식사 자리에 초대했다. 내가 사랑을 느꼈을 것 같은가? 아니다. 축복해 주고 싶었을 것 같은가? 아니다. 하지만 하나님은 계속 나를 독려하시며 용서, 그 너머로 나아가게 하셨다. 일회적인 용서의 결단이 용서를 실행하는 연속적인 행위로 바뀌었다. 내 마음과 내 의지의 결단이, 어느덧 나의 감정과는 무관하게 되어버렸다.

용서, 그 너머로 나아가는 것이 처음의 용서 행위보다 더 어렵다. 우리는 "하나님이 그래야 한다고 말씀하셨으니까 용서하긴 할 거야.

하지만 이제부터 그녀와는 거리를 두고 지내겠어!"라고 생각한다. 나는 한 번도 아닌 세 번씩이나 예수님을 부인했던 베드로에게 거듭해서 인격적으로 다가오시며 사랑을 표현하시는 예수님의 모습을 사랑한다. 여인들이 빈 무덤을 발견했을 때, 천사가 와서 "그가 살아나셨고…가서 그의 제자들과 베드로에게 이르기를 '예수께서 너희보다 먼저 갈릴리로 가시나니 전에 너희에게 말씀하신 대로 너희가 거기서 뵈오리라' 하라"(막 16:6-7)고 말했다.

왜 예수님은 "그의 제자들과 베드로"라고 말씀하셨을까? 베드로는 제자들 중 하나였기에 이미 그 안에 포함되어 있었다. 베드로가 얼마나 괴로워하는지를 예수님이 아셨을까? 예수님과 한패가 결코 아니라고 부인하며 맹세해 버린 베드로에게는, 여전히 자기가 예수님의 친구라는 사랑의 확신이 필요했다. "그의 제자들과 베드로"라고 따로 말씀하신 것은 주님의 사랑에서 비롯된 것이었다.

관계에 있어서도 하나님은 섭리 가운데 통치하신다! 하나님은 제 나로 말미암아 내 삶에 고통이 찾아오는 것을 허락하셨다. 하나님은 줄리, 미첼, 샌디가 고통 가운데 있는 것을 허락하셨다. 그리고 하나님은 당신이 예기치 못한 고통을 경험하도록 허락하셨다. 가족과 교회에서 빚어지는 얽히고설킨 관계는 '우리를 성숙케 하시려는' 하나님의 유용한 도구 중 하나다. 하나님은 친구의 배신이란 아픔을 통해서도 내가 더욱 그분의 형상을 닮아가도록 섭리하신다.

그 때 나는 이렇게 썼다.

하나님이 내게 수치를 허락하신다는 것과 그것이 하나님으로부터 왔다는 것을 믿기에 내 영혼은 더 큰 자유를 맛보았다. 하나님이 좋다고 생각하신다면, 나도 받아들이리라. 받아들이면 이와 같은 자유가 있다. 하나님의 말씀은 매일의 기쁨이다. 하나님의 말씀에 의해 격려받거나 도전받거나 위로받거나 책망을 듣지 않고 지나간 날은 하루도 없었다. 하나님 앞에서 겸손해졌다. 나는 배워야 할 것이 너무나 많다. 이미 배운 것을 새롭게 배우기 위해 다시 이 길을 걸어가리라.

### 관계의 결심

사람들과의 관계에서 용서 그 너머로 나아가기를 바라는가? 다음은 당신이 마음으로 결심해야 하는 것들이다.

- 나는 이런 사람이 되기로 결심한다: 하나님께 신실하기
- 나는 이런 일을 하기로 결심한다: 남을 용서하기, 용서 그 너머로 나아가기
- 나는 이런 말을 하기로 결심한다: 축복과 사랑의 말

우리는 다른 사람을 통제할 수 없다. 배우자, 자녀, 친구, 동료, 어느 누구도 말이다. 우리는 다른 사람을 대신해 결심해 줄 수도 없다. 우리 자신이 결심할 뿐이다. 우리는 하나님을 신뢰할 수 있고, 우리 자

신을 통제할 수 있다! 우리는 평화로운 관계를 위해 '우리' 역할을 다짐하고 실천할 수 있다. 그것이 우리에게 만족을 가져다준다.

친구 캐더린은 소원해진 딸에게서 편지 한 통을 받았다. 그 편지에는 곳곳마다 "나를 받아주세요, 나를 사랑해 주세요, 나를 용서해 주세요"라는 외침이 담겨 있었다. 얼마 전 딸에게 상처를 받았던 캐더린은 더 이상 편지를 읽을 수가 없었다. 캐더린은 그리스도를 사랑했지만, 딸과의 관계에서 비롯한 쓴 뿌리가 그녀를 무력하게 만들었다. 그녀는 무슨 말을 해야 할지, 어떻게 말해야 할지도 몰랐다. 그래서 아무 말도 하지 않았다.

2년이 흘렀다. 결국 캐더린은 딸의 편지에 답장을 쓰고자 친구에게 도움을 청했다. 친구의 도움과 기도로 격려 받은 편지가 드디어 발송되었다. 그 편지는 캐더린이 죽은 다음 날 도착했다. 하나님의 은혜로 캐더린은 딸에게 용서와 사랑을 전할 수 있었다. 하지만 모든 사람에게 그런 용서와 사랑을 받을 기회가 주어지는 것은 아니다. 인생은 쏜살같이 흐른다. 하나님은 기다리지 말고 지금 용서하라고 우리를 격려하신다.

사랑하는 친구여, 그 무엇도 당신이 용서하는 것을 방해하지 않게 하라. 그것이 당신의 자존심이든, 분노든 말이다. 비록 어떻게 반응해야 하는지 혹은 무엇을 말해야 하는지 모를지라도 말이다.

 **만족의 사람 | 에바**

해질 무렵 에바가 남편 미렉과 어린 딸 모니카와 함께 찾아왔다. 세 사람은 이틀 동안 우리 집에 머물기로 한 상태였다. 결혼한 지 몇 년이 되도록 에바는 자기 집을 갖지 못했다. 당시 공산국가인 폴란드는 주택 부족 문제가 심각했다. 신혼 부부인 그들에게 방 한칸짜리 아파트조차 할당되지 못했다. 두 사람은 한 동안은 남편 미렉의 부모 집에서, 그 다음엔 미렉의 부모 집에서, 그렇게 옮겨다니며 지내야 했다.

"린다, 얼마나 아름다운지 모르겠어요." 우리 집을 둘러보는 내내 린다의 표정에서는 어떤 질투심도 드러나지 않았다. 지금 에바는 둘째를 임신 중이다. 내가 그 상황이었다면 부러움이나 스스로에 대한 자격지심을 감추지 못했을 것이다.

저녁을 먹은 후 에바는 모니카의 기저귀를 빨러 2층으로 올라가겠다고 했다. "에바, 손으로 기저귀를 빨지 않아도 돼요! 세탁기와 건조기가 있어요. 그걸 사용하세요." 에바는 손빨래에 익숙해서 문제 없다고 했다.

모니카가 잠든 후 나는 에바와 마주앉아 대화를 나눴다. 하루 종일 내 머릿속에 맴돌던 질문을 던졌다. "여기 우리 집과 비교하면, 지금 모니카의 형편은 너무 힘들죠? 아이 키우는 것조차 쉽지 않을 것 같은데."

그녀의 대답이 내 심장에 꽂혔다. "우리 형편이 좋다고는 말 못해요. 하지만 서유럽에 사는 여성들의 삶을 보면, 그들은 하나님이 필요하지 않을 만큼 너무 많은 것을 가졌다는 생각이 들어요."

## 6
## 만족의 방해물 : 욕심

우리는 원터치 자동 텐트를 들고 아이들과 함께 동유럽의 몇 나라를 돌면서 여름을 보낼 계획을 세웠다. 먼저 헝가리에 들렀다. 그런데 이게 웬일인가! 나는 '딜로우 캠핑 동물원'(사람들이 호기심 가득한 눈으로 우릴 쳐다보았다!)이 그토록 신나는 구경거리일 줄은 꿈에도 몰랐다. 대부분의 미국인이 아무렇지 않게 여기는 원터치 자동 텐트를, 여기서는 마치 힐튼 호텔처럼 보는 것이었다. 1980년대에 동유럽에서 구할 수 있는 것이라곤 정말 작고, 매우 실용적이고, 대부분 무채색 계열인, 몹시 불편한 텐트가 전부였다.

헝가리에서의 첫날 밤, 우리는 원터치 자동 텐트를 치고 저녁을 만들기 시작했다. 10분도 채 안 되었을 때, 사람들이 플라스틱 창문을 통해 우리를 들여다보기 시작했다. 우리는 그들이 무슨 말을 하는지, 왜 우리를 가리키며 웃는지 이해하지 못했다. 우리가 하는 일이 그렇게 이상하고 우스운가? 우리는 그들의 반응을 이해할 수 없었기에 그들을 모두 초대하기로 했다. 한꺼번에 몇 사람이 들어와 이 '놀라운 미국 물건'을 유심히 둘러봤다. 물론 그들은 친구들도 데려왔다. 그래서 스무 명의 사람들이 일렬로 텐트 주위를 빙 에워쌌다!

다음 날 우리는 그곳을 떠나 수정처럼 맑은 흑해가 우리 앞에 펼쳐질 때까지 루마니아로 들어가 긴 시간을 달려갔다. 우리는 흑해와 호수 사이의 좁고 긴 땅에 마련된 주차장에 텐트를 쳤다. 완벽했다. 2분만 걸으면 모래사장이 펼쳐진 바다가 있고, 텐트 바로 앞은 (몸을 씻을 수 있는 깨끗한) 호수였다. 서너 가정이 우리처럼 주차장에서 캠핑하고 있었는데, 그 중에 카르멘이라는 영어 교사가 있었다. 덕분에 우리는 그 가정과 쉽게 대화할 수 있었다.

카르멘은 자신의 꿈에 대해 이야기했다. 우리 같은 미국인의 삶이 그녀의 목표였다. 그녀의 초점은 온통 '더 많이'에 맞춰져 있었다. 남편 조디와 내가 그리스도에 대한 믿음과 하나님을 의지하는 것에 대해 말했을 때, 카르멘은 믿을 수 없다는 듯 한동안 우리를 쳐다만 봤다. '재산을 모으면 되지, 왜 하나님을 의지한다는 거지?' 하는 표정으로.

카르멘은 미국인에 비하면 분명 적게 소유했지만 꿈은 그렇지 않았다. 실제로 부족한 형편인건 맞지만, 그녀에겐 '모든 것'이 부족했다. 맞다. 미국의 백만장자들도 "난 부족해" 병으로 고생한다. 존 록펠러는 "살면서 가장 힘든 게 있다면 무엇입니까?"라는 질문에 "조금만 더"라고 답했다. 우리는 동유럽에 살든 서유럽에 살든, 부자든 가난하든, 하나님이 주신 것에서 만족을 발견할 수 있어야 한다. 우리에게 주어진 환경, 자기 자신, 자신의 역할, 관계 등의 영역에서 만족을 배워야 한다. 그럼에도 우리는 우리에게 주어진 것에 만족하는 법을 터득하지 못한다. 이제는 우리의 만족을 방해하는 것들에 대해 살펴볼 시간이다. 무엇을 갈망하는가의 문제는, '조금만 더'를 갈망하는 자가 어디에 속해 있는가의 문제로 귀결된다.

웹스터 사전은 '욕심'(greed)을 '더 많이 갖고자 하는 강한 갈망'으로 설명하며, 특히 '무엇이 옳은가보다는 더 많이 갖는 것 자체에 치중한다'고 정의한다. 욕심은 언제나 '더 많이'를 요구한다. 잠언 30장 15절은 "거머리에게는 두 딸이 있어 '다오! 다오!(give! give!)' 하느니라"고 묘사한다. 즉 욕심은 피를 빨아먹는 벌레다. 거머리가 두 딸과 함께 "다오! 다오! 더 많이! 지금 당장!"이라고 외치는 장면을 그려보라.

하나님은 욕심을 미워하신다. 나도 싫다. 하지만 어쩔 수가 없다. 나는 내 안팎에서 그 징그러운 벌레를 본다. 이 욕심과 싸우기 위해 우리가 할 수 있는 일을 알아보자.

**우리의 상태**

리처드 스웬슨의 책 『여유』(*Margin*)에는 이런 말이 있다. "최근 통계자료에 의하면 미국은, 전 세계에 210개국 가운데 매년 90개국의 1인당 GNP보다 더 많은 돈을 쓰레기봉투를 사는 데 소비한다. 더더욱 놀라운 것은 200개국의 1인당 GNP보다 더 많은 돈을 외식에 사용한다는 사실이다."[1]

어떻게 이런 일이 가능할까? 우리는 인류의 절대다수가 가진 것보다 더 많은 것을 내버리는데도 어떻게 그토록 부유할 수 있단 말인가? 한 가지 이유는 광고와 마케팅에 있다. 둘의 목표는 시장 창출이다. 잠재적 구매자들에게 이 상품이 '필요하다'고 설득하는 것보다 더 좋은 방법이 어디에 있겠는가?

미국의 유통회사인 시어스는 최초로 카탈로그를 시장에 선보였다. 내 어머니의 말에 의하면, 사람들은 '강력 추천 목록'이 출현하기 전에는 자기에게 무엇이 '필요'한지 일일이 몰랐다고 한다. 어머니는 크리스마스에 봉제인형과 오렌지를 선물로 받았을 때의 기쁨을 기억하고 계셨다. 그런데 어느 날부터 그 기쁨은 시어스 카탈로그로 인해 바뀌어버렸다. 매일 밤 어머니와 이모는 카탈로그에 나오는 미지의 보물에 사로잡혔다. 그들은 그것이 필요하고, 그것을 원하고, 그것을 가질 만하다고 믿기 시작했다고 한다.

시대가 어찌나 변했는지! 우리는 이메일로 발송되는 이런 카탈로그가 몇개나 되는지 셀 수조차 없는 시대에 살고 있다. 우리의 감각은 매일 공격을 당한다. 대대적인 광고의 힘은 막강하다. 하지만 그 품목이 정말 필요하다면 회사가 그렇게 힘들여 우리를 설득할 필요는 없지 않은가.

필요는 창출되고, 불만족도 선동되는 것이다. 헨리 키신저는 "대개의 미국인들에게 비극이란 무언가를 간절히 원하는 데 갖지 못하는 것이다"라고 말했다. 얼마나 슬픈 얘긴가.

게다가 우리는 더 많이 원할 뿐만 아니라 잠시도 기다리려 하지 않는다. 우리는 '당장' 원한다. 그 좋은 수단이 신용카드다. 〈USA투데이〉는 미국인들이 1994년에 총 3,660억 달러의 신용카드 채무를 안고 있는데, 이는 1990년 대비 55퍼센트 증가한 금액이라고 발표했다. 즉, 미국의 모든 남녀노소에게 1,400달러의 빚이 있다는 것이다![2] 그가 제시한 통계자료는 위협적이다. 전형적인 미국인은 5개 내지 7개의 신용카드를 소지하고 있는데, 각 카드의 평균 사용액은 1,670달러에 달한다![3]

왜 그토록 많은 사람들이 빚을 기꺼이 지는가? 우리의 기대심리는 점점 커져서 남이 가진 것을 원할 뿐만 아니라 '더 많은, 더 좋은, 더 쉬운' 것을 원하기까지 되었다. 욕심은 하나님이 주신 것에 만족하지 못하도록 장애물을 쌓는다. 슬프게도, 욕심은 비교와 질투로 이끄는 내리막 계단이다. 비교와 질투는 우리 모두를 불만족으로 이끈다.

### 당신은 어떤가?

당신은 어떠한가? 당신도 '조금만 더'를 원하는가? 당신이 현재 가진 것에 만족하는가, 아니면 감당할 수 없는, 게다가 정말 필요한지조차 모르는 물건을 사느라 '더 많이'를 실행하고 있는가? 남들이 우리를 향해 '정말 필요해'라는 공세를 퍼부을 때 마음을 지키기란 어렵다.

더 많이 갖고 싶은 욕심은 다양한 형태로 다가온다. 어떤 것은 잘 깨닫지 못하는 때도 있다. 홍콩에서의 3년 동안, 나는 필요 이상의 것을 사 모으는 일에 쏠쏠한 재미를 느꼈다. 빚을 지지는 않았지만, 나는 여전히 과도하게 돈을 쓰려고 하는 나를 본다.

킴은 바겐세일 매니아다. 킴은 '창고 대공개'라는 광고만 보면 돈을 써야 한다. 당신은 "창고 세일은 문제될 거 없잖아"라고 말할지 모르겠다. 그렇긴 하다. 킴처럼 강박증에 빠지지만 않는다면 말이다. 이제 킴은 직접 창고 대공개를 해서 다른 매니아들에게 자기가 그동안 세일 때마다 사 모아 온 물건들을 팔아야 할 지경이다.

반면, 카렌은 명품 매니아다. 그녀는 명품관에서 쇼핑을 해야 그것이 자기 스스로에게 맞는 대우라고 생각해 왔다. 명품이 아닌 것은 자기에게 어울리지 않는다고 줄곧 여겨왔다. 그리스도인이 되었을 때, 그녀는 명품이라는 영광의 뿌리에 무엇이 있었는지 보게 되었다. "린다, 값비싼 명품들이 나를 더 빛내줄 거라 여겨왔다는 걸 깨달았어요."

값싼 물건에 목을 매든, 명품에 목을 매든, 이는 욕심의 문제다. 필요 이상으로 무언가를 가지려 할 때 우리는 하나님이 주신 것에 만족하지 않고 있는 것이다. 하나님이 나의 필요를 가장 잘 아신다는 것과 하나님이 그 필요를 채우신다는 믿음이 흔들리기 때문이다. 어떻게 해야 더 많이 얻으려고 애쓰기보다 이미 받은 것에 감사하며 하나님께 집중할 수 있을까? 유일한 길은 하나님의 관점을 마음에 새기고 자기 생각을 내려놓는 것이다.

## '끝없는 불만족'에 대한 하나님의 생각

믿지 못하겠지만, 성경에는 구원에 관한 말보다 돈에 관한 말이 더 많다. 하나님은 우리가 부(富)의 문제를 심각하게 고려하길 원하신다는 게 분명하다. 예수님이 말씀하신 39개의 비유 중에 16개가 부에 관한 것이다. 성경은 하나님이 욕심을 미워하신다고 분명하게 말한다. 하지만 부를 위해 집을 바꾸고, 차를 바꾸고, 직업을 바꾸는 게 죄일까? 하나님은 풍요로움에 대해 어떤 기준을 갖고 계실까? 성경에서 발견된 4가지 원칙을 살펴보자.

1. 모든 것이 하나님께 속했다. "여호와여 위대하심과 권능과 영광과 승리와 위엄이 다 주께 속하였사오니 천지에 있는 것이 다 주의 것이로소이다. 여호와여 주권도 주께 속하였사오니 주는 높으사 만물의 머리이심이니이다. 부와 귀가 주께로 말미암고 또 주는 만물의 주재가 되사 손에 권세와 능력이 있사오니 모든 사람을 크게 하심과 강하게 하심이 주의 손에 있나이다. …모든 것이 주께로 말미암았사오니 우리가 주의 손에서 받은 것으로 주께 드렸을 뿐이니이다"(대상 29:11-14).

이 말씀에 따르면, 우리에게 있는 모든 것은 하나님이 우리에게 빌려주신 것이다. 하나님이 모든 것의 소유주시다. 우리는 받았을 뿐이다. 그러므로 우리가 생각해볼 질문은 "얼마나 챙겨야 하는가?"가 아니라 "얼마나 드려야 하는가?"다.

물론 어떤 사람은 "하지만 내가 피땀 흘려서 그 돈을 벌었다고요!"

라고 말할지 모른다. 이 말도 일면 옳다. 하지만 누가 일할 능력을 주셨는가? 누가 그 지혜와 섭리로 일자리에 연결해 주셨으며 이 나라에 태어나게 해주셨는가?

하나님은 '만물'의 복되신 통치자시다. 그래서 야고보는 "내 사랑하는 형제들아 속지 말라. 온갖 좋은 은사와 온전한 선물이 다 위로부터 빛들의 아버지께로부터 내려오나니"(약 1:16)라고 말했다.

2. 문제는 마음의 태도다. 시편 62편 10절은 "재물이 늘어도 거기에 마음을 두지 말지어다"라고 말한다. 하나님은 마음이 어디에 있는지, 보물이 어디에 있는지를 중요하게 여기신다. 예수님의 말씀을 들어보자.

"너희를 위하여 보물을 땅에 쌓아 두지 말라 거기는 좀과 동록이 해하며 도둑이 구멍을 뚫고 도둑질하느니라. 오직 너희를 위하여 보물을 하늘에 쌓아 두라 거기는 좀이나 동록이 해하지 못하며 도둑이 구멍을 뚫지도 못하고 도둑질도 못하느니라. 네 보물 있는 그 곳에는 네 마음도 있느니라"(마 6:19-21).

예수님의 말씀은 더 이상의 설명이 필요 없을 정도로 명백하다. 우리는 좀과 동록이 해하는 땅이 아니라, 하늘에 보물을 쌓아두어야 한다. 하늘에 쌓아 둔 보물은 결코 잃어버리지 않는다.

스스로에게 "내 보물은 어디에 있는가? 내 마음은 어디에 있는가?"라고 물어보라. 판에 박힌 질문이지만, 그 대답은 당신이 누구인지, 무엇을 위해 살고 있는지를 확정짓는다. 당신의 보물이 땅에 있다면 당신의 마음도 땅에 있을 것이다. 그것이 당신을 지배할 것이다.

3. 하나님이 최우선이다. "한 사람이 두 주인을 섬기지 못할 것이니 혹 이를 미워하고 저를 사랑하거나 혹 이를 중히 여기고 저를 경히 여김이라 너희가 하나님과 재물을 겸하여 섬기지 못하느니라"(마 6:24).

이 말씀의 의미는 명확하다. 돈을 섬기지 말라는 것이다. 성경은 결코 돈이나 재물이 악하다고 말하지 않는다. 성경이 "돈은 일만 악의 뿌리가 되나니"라고 말한다고 할지도 모르겠다. 그러나 이것은 틀렸다. 성경은 "돈을 사랑함이 일만 악의 뿌리가 되나니"(딤전 6:10)고 말한다. "돈을 사랑하지 말고 있는 바를 족한 줄로 알라. 그가 친히 말씀하시기를 '내가 결코 너희를 버리지 아니하고 너희를 떠나지 아니하리라' 하셨느니라"(히 13:5). 당신의 집, 식탁 세트, 새로 산 옷이 '당신을 떠나지 않겠다'고 말한 적이 있는가? 왜 우리는 하나님이 우리를 결코 떠나지 않겠다고 확증하셨음에도 잠시만 있다 사라질 물건들에 초점을 맞추는 걸까? 우리는 하나님과 돈을 동시에 섬길 수 없다. 방향은 분명하다. 하나님이 최우선이고 재물은 그 다음이다. 당신은 누구를 섬기고 있는가? 당신의 초점은 어디에 있는가?

4. 재물은 사용하기 위한 것이지 사랑하기 위한 것이 아니다. 누가복음 12장에 나오는 한 부자에 대한 예수님의 꾸짖음은 오늘 우리에게 주시는 경고이기도 하다. 한 부자가 밭에 소출이 풍성하자 미래를 대비해 큰 곳간을 짓고 땅의 보물을 쌓아 두었다. 그는 "이제 내 인생은 편안하고 안전할 거야"라고 생각했다. 하나님의 심판이 순식간에 임했다. 하나님은 부자를 어리석은 자라고 하시며 그에게서 생명을 취해 가셨다. "조심하라!" 예수님은 경고하신다. "삼가 모든 탐심을 물

리치라. 사람의 생명이 그 소유의 넉넉한 데 있지 아니하니라"(눅 12:15).

A. W. 토저가 이를 잘 표현했다. "인간의 마음 안에 재물이 가득하다. 하나님의 선물들이 하나님의 자리를 대신 차지하고 있다."[4] 우리는 섬김의 대상과 이용의 대상을 뒤섞어버렸다. 슬프게도, 많은 사람이 재물을 섬기고 하나님을 이용한다. 성경은 정반대로 행하라고 가르친다.

최근 하나님은 조디와 나에게 콜로라도 산맥에 있는 아름다운 집을 선물하셨다. 18년간 외국의 임대주택을 돌아다닌 터라 나는 이 선물에 매우 감사하기도 했지만 한편으로 두렵기도 했다. 거머리가 내게 달라붙기는 식은 죽 먹기였다. 무엇이든 일단 내 것이 되면 인간적인 집착이 그것을 단단히 움켜쥐었다. 하나님은 내가 매일 빈손으로 이 집을 하나님께 올려드리며 "주님, 이 집은 당신의 것이에요"라고 말하길 원하신다.

나는 잠언 30장을 쓴 아굴과 같은 자세를 갖고 싶다. 아굴은 하나님과 자신의 관계를 바르게 볼 줄 아는 겸손한 사람이었다. "나를 가난하게도 마옵시고 부하게도 마옵시고 오직 필요한 양식으로 나를 먹이시옵소서. 혹 내가 배불러서 하나님을 모른다 여호와가 누구냐 할까 하오며, 혹 내가 가난하여 도둑질하고 내 하나님의 이름을 욕되게 할까 두려워함이니이다"(잠 30:8-9).

아굴의 마음과 보물은 마땅한 장소에 있었다. 그는 하나님만을 섬겼다. 성경의 말씀은 명백하다. 하나님은 욕심을 미워하신다. 욕심은 다른 죄를 낳는다. 욕심은 우리를 지배한다. 어정쩡한 소원이

나 형식적인 기도로는 욕심을 뿌리칠 수 없다. 우리는 전심으로 주님 앞에 나아가 마수를 뻗치는 이 못된 거머리를 없애주시도록 간구해야 한다.

### 나는 무엇을 할 수 있는가?

마음을 살피라

이번 장은 쓰기가 어렵다. 왜냐하면 나를 감찰하고 내 마음을 살피시며, 내 생각을 시험해서 내 안에 사악한 꾀가 있는지 보여달라고 하나님께 여쭈었고, 그래서 내 죄가 드러났기 때문이다. 그럼에도 나의 전 존재는 보물을 하늘에 쌓아 두고, 돈이 아닌 하나님을 섬기기를 바라기 때문이다.

나는 당신이 시편 139편 23-24절을 읽고 "하나님, 내 보물이 어디에 있는지 보여주세요. 정직할 수 있도록 도와주세요. 나와 내 가족에게서 거머리를 떼어놓기 위해 내가 할 수 있는 일을 알려주세요"라고 기도하라고 말하고 싶다.

우리는 돈을 사랑하는 것에서 자유로워지기를 결단할 수 있다. 소유와 욕심에 통제되지 않고 오히려 우리가 통제할 힘을 키울 수 있다. 이는 하나님과 우리 사이의 비밀스런 결단이다. 하나님은 당신의 마음에서 욕심을 제거하실 수 있지만, 욕심을 조장하는 환경에서 스스로 돌이키는 것은 당신 책임이다.

밧줄을 자르라

욕심은 당신 몸에 밧줄로 묶여 있는 무거운 추와 같다. 욕심에서 자유로워지는 연습이 필요하다. 이 작업은 구체적일수록 효과적이다. 주변을 둘러보라. 욕심은 지금 당신을 어디로 이끌고 있는가? 당신의 마음이 하나님보다 앞에 둔 것이 무엇인지 열거해 보라. 밧줄 끝에 달린 무거운 추가 무엇인지 확인하라. 그 밧줄의 어디를 잘라야 할지 하나님께 여쭈어라. 옷이나 기타 몇 개의 물건들을 치워야 할지 모른다. 1년 동안 입지 않은 옷은 다른 사람에게 필요한 옷이라는 게 나의 지론이다. 카탈로그나 온갖 매체의 광고가 욕심을 부추긴다면 그것을 보기 전에 끊어버려라.

누군가가 당신의 욕심에 불을 당긴다면, 그 사람과 떨어져 지내라. 제니스는 이렇게 말했다. "어떤 친구들과 함께 있을 때마다 '새로 산 이것저것'에 대한 잡담을 하게 돼요. 갖고 싶은 것, 사려고 하는 것들에 대한 얘기죠. 나는 남에게 지지 않으려고 허세부리기 쉬운 사람이거든요. 이미 가진 것에 대해 감사하기보다는 갑자기 없는 것을 따져 보는 거예요. 이 친구들과 떨어져 지내야겠어요."

계절에 따른 욕심을 경계하라

우리의 주머니를 노리는 욕심은 해마다 특정 시기에 찾아온다. 연말, 여름 휴가, 명절, 생일, 기념 여행. 내 친구 필리스는 남편 폴과 함께 크리스마스면 찾아오는 그들의 소비 열풍을 잠재우기로 마음먹었다. 두 사람은 그들의 가정에 새로운 휴가 전통을 세웠다. 필리스는 이렇게 말했다. "너무 많은 소비에 시선이 팔려 정작 중요한 크리스마스의 의미를 돌아보지 못했다는 느낌이 들어요. 그래서 이번에 대학 입시를 치른 아이들을 위해 새로운 아이디어를 내봤어요. 크리스마스 때 전할 편지를 쓰는 거죠. 물론 선물을 없앨 수는 없지만, 그 편지에 우리가 아이들을 위해 예수님의 이름으로 해주고 싶은 말들과 아이들이 예수님의 이름으로 했으면 하는 것들에 대해 적었어요."

당신이 누군가를 위해 선물을 마련할 때 하나님께 창의력을 달라고 구하라.

### 감사의 태도를 가지라

엘리자베스 엘리엇은 자기가 사역했던 남미 정글 부족의 아이들은 전혀 불평하지 않는다고 회상했다. 왜냐하면 그 아이들은 불평하는 법을 배우지 않았기 때문이다. 당신 스스로의 모습을 관찰해 보라. 당신은 자녀들에게 하나님의 축복에 감사하는 법을 가르치고 있는가?

간단한 실험을 해보라. 일주일 동안 의식적으로 감사하려고 노력하라. 아직도 빌립보서 4장 8절을 암송하지 못한다면 지금 당장 암송하고, 일주일 동안 무엇이 참되고, 무엇이 옳으며, 무엇이 사랑 받을 만하고, 무엇이 칭찬할 만한 것인지를 생각하기로 결단하라. 하나님이 당신의 마음 안에 감사의 태도를 조성해 주시기를 구하라.

감사 노트를 만들어 일주일 동안 무슨 일이 있었는지 적으라. 이 실험 중에는 어떤 것도 구하지 않기로, 불평이나 불만도 말하지 않기로, 저걸 가졌어야 했다고 투정부리지 않기로 결단하라. 이 기간 동안, 가족에게 감사의 말을 전하라. 남편과 자녀, 혹은 룸메이트에게 감사하라. 친구들이 우정을 보여준 것에 감사하라. 당신이 갖지 못한 것 때문에 속상해 한다면 그것은 이미 가진 것을 낭비하는 것임을 기억하라.

### 당신의 것을 나누라

당신은 스스로를 부유하다고 여기진 않을 것이다. 하지만 지구상의 대부분의 사람들과 비교했을 때 당신은 부자다. (당신 헛웃음소리가 들린다!) 바울은 많이 가진 것으로 자랑하지 말고 선을 행하는 데 재물을 사용하라고 권고한다.

> 네가 이 세대에서 부한 자들을 명하여 마음을 높이지 말고 정함이 없는 재물에 소망을 두지 말고 오직 우리에게 모든 것을 후히 주사 누리게 하시는 하나님께 두며, 선을 행하고 선한 사업을 많이 하고 나누어 주기를 좋아하며 너그러운 자가 되게 하라. 이것이 장래에 자기를 위하여 좋은 터를 쌓아 참된 생명을 취하는 것이니라(딤전 6:17-19).

구약에서 하나님은 여러 종들에게 서로 다른 양의 재산을 분배하셨다. 다니엘과 요셉은 엄청난 재산을 받았다. 에스겔은 극심한 가난 속에 살았다. 예레미야는 '중간 정도의 수입이 있는' 선지자였다. 기독교 윤리는 재산은 큰 책임이지 죄가 아니라고 가르친다. 구제는 공급

량이 많을 때 우리의 재산 밸브에서 넘쳐흐르는 잉여분을 드리는 게 아니다. 오히려 수도관처럼 규칙적이고도 꾸준하게 우리의 자원을 다른 곳으로 흘려 보내는 것이다.

### 깨어 경계하라

하나님은 우리가 자신의 소유에 만족해야 한다고 명백히 말씀하신다. '더 많이'의 태도로는 만족이란 없다. 행복은 우리가 원하는 걸 갖는 것이지만, 만족은 우리가 가진 걸 바라보는 것이다.

사탄의 졸개들이 한 경건한 성도를 유혹하는 데 실패했다. 그들은 영원한 젊음, 거대한 권력, 엄청난 재물로 그를 유혹하려 했다. 그렇지만 소용이 없었다. 사탄이 졸개들에게 말했다. "너희가 실패한 이유는 진심으로 하나님을 추구하는 사람에게는 너무 조잡한 방법을 썼기 때문이야. 나를 봐."

사탄은 조심스럽게 그에게 다가가서 귀에 대고 속삭였다. "방금 자네의 가장 친한 친구가 백만 달러를 상속했다는군." 그의 입술이 일그러지고 눈은 탐욕으로 가득해졌다. 사탄이 이겼다.[5]

사탄의 덫에 대비하는 최선의 방어책은 우리가 이 땅의 보물이 아닌 영원한 보물을 위해 살고 있다는 것을 확신하는 것이다. 욕심의 사람이 되지 않도록 매순간 스스로를 경계하며 하나님께 의지하는 것이다.

내 마음을 주의 증거들에게 향하게 하시고 탐욕으로 향하지 말게 하소서. 내 눈을 돌이켜 허탄한 것을 보지 말게 하시고 주의 길에서 나를 살아나게 하소서(시 119:36-37).

거룩하신 아버지, 나는 충동과 욕망에 의해 다스림을 받기 쉽습니다. 그러나 내 보물은 이 땅이 아니라 하늘에 속한 것이길 소망합니다. 나를 변화시켜 주시고, 내 안에 거하시는 성령으로 연약한 육신의 소욕을 이기게 해주세요. 현재의 소유에 감사하고, 당신이 주신 모든 것을 당신의 영광을 위해 사용하고 싶습니다.

 **만족의 사람 | 웡 부인**

웡 부인이 절했다. 나도 절했다. 그러자 그녀가 다시 절했다. 얼마나 이렇게 해야 하는 걸까? 다시 한 번 웃으며 절하면서 이번이 마지막이길 바랬다.

중국의 크리스천들을 만나러 중국에 간 적이 있다. 일행 중 유일한 여성이었던 내가 웡 부인을 인터뷰할 적임자로 선발되었다. 나는 웡 부인을 편안하게 해주려고 노점상에 들러 쿠키를 샀다. 웡 부인은 전통 의상인 마오를 차려입고 시골의 주택 문앞에 놓인 의자 끝에 앉아 있었다. 나는 한 번, 두 번, 세 번 쿠키를 권했다. 내 통역인의 말이 옳았다! 세 번째는 통했다! 웡 부인은 쿠키를 들었다. 미묘한 어색함이 풀리고 인터뷰가 시작되었다.

"웡 부인, 언제 크리스천이 되셨나요?"

"6년 전에요."

"부인의 사역에 대해 말해 주시겠어요?"

"매주 자전거를 타고 16킬로미터를 순회하지요. 매일 여섯 마을을 방문해요. 주일에는 집에 있고요."

"누구를 가르치시죠?"

"남녀 5-6백 명 정도를 가르쳐요."

"그 사람들은 어떻게 크리서천이 되었나요?"

"제가 그들에게 예수님을 전해 주었어요."

"윙 부인, 그렇다면 부인이 크리스천이 되신 이래로 지난 6년간 6백 명의 사람들을 그리스도께 인도했다는 말씀인가요?"

"예."

윙 부인은 간단명료하게 '예'라고 말했다. 1년에 1백 명씩 그리스도께 인도하는 것이 정상적인 일상이란 듯이, 아무라도 할 수 있는 일이란 듯이….

나는 기도했다. "사랑하는 주님, 윙 부인을 만날 수 있게 해주심에 감사드립니다. 그녀에게서 발견한 그 확신을 내 마음에도 각인시켜주옵소서."

윙 부인은 자기의 존재 이유를 알았다. 그녀는 하나님이 자기 인생에 무엇을 바라시는지 알았다. 그녀는 초점이 분명한 삶을 살았다.

# 7
## 만족의 방해물 : 잘못된 초점

역한 냄새가 코를 찔렀다. 같은 상하이라도 관광지와 이곳은 얼마나 딴판인지! 아파트 단지마다 주민들을 위한 옥외 화장실이 하나씩 있었다. 모퉁이를 돌자 그 냄새가 나를 덮쳤다. 나는 서둘러서 지나가려고 걸음을 재촉했다. 청소부들이 여기 화장실은 한 동안 그냥 내버려둔 게 분명했다.

나는 나무 그늘에서 마작을 즐기는 노인들 옆을 지나갔다. 몇몇이 나를 쳐다봤다. 나는 외국인처럼 보이는 둥글고 푸른 눈을 감추고자 선글라스를 고쳐 썼다. 정말 검은 선글라스가 그곳에서 날 어울리게 해줄 거라고 생각했을까? 차라리 금발을 염색하거나 키를 줄이거나 피부와 눈에 뭔가 조치를 취하는 게 훨씬 나았을 것이다. 중국에서는 사람들의 머리카락도, 눈도 모두 검다.

나는 메이 링과 그녀의 열 살배기 딸 팅 팅을 만나러 가는 중이었다. 메이 링은 용감한 여성이었다. 그녀의 인생의 목적은 예수님을 알고 남에게도 예수님을 알리는 것이었다. 그녀는 매일 자기 목숨을 걸고 기독교 물품들을 상하이의 지하 교회에 전달했다. 그녀의 한 칸짜리 아파트에 들어서자 나는 선글라스를 벗고 마음을 놓았다. 어린 팅 팅이 내 앞에 서서 빤히 쳐다봤다. 팅 팅은 내 눈을 가리키며 통역인에게 고양이 눈 같다고 말했다. 그녀에게는 내가 다른 행성에서 온 것이나 다름없었다. 팅 팅은 얼른 친구에게 달려갔다. 곧 팅 팅의 손에 이끌려온 그 친구도 밝은 색 눈을 가진 이 이상한 여자를 쳐다봤다.

## 잘못된 초점

초등학교 시절, 나는 두꺼운 안경 때문에 '네 눈박이'라 불렸다. 심한 근시였기 때문에 안경 없이는 초점이 안 맞았다. 겨우 3년 전 라식 수술을 받고 새로운 시력을 얻었다. 벽에 걸린 달력도 읽을 수 있고 욕실에서 내 발가락도 볼 수 있었다. 놀라웠다! 내 초점은 교정되었고, 나는 깨끗하게 볼 수 있었다.

오늘날 많은 사람들이 비슷한 근시안을 가지고 있다. 눈이 아닌 삶에서 말이다. 그들은 스스로 왜 여기에 있는지와 어디로 가는지를 모른다. 그들은 키 없는 배처럼 표류한다. 『여유』의 저자인 스웬슨은 목적 상실성이 일반화 된 것에 대해 이렇게 말했다. "미국인들의 근시안은 자자하다. 우리는 미래를 오염시키는 근시안 매니아들이 모인 나라에 살고 있다. 먼지 폭풍 속에서는 결코 지평선을 볼 수 없다. 하지만 우리는 내일 너머까지 볼 수 있어야 한다. 한 주씩만 내다보는 것은 점을 찍는 삶이다."[1]

방향성 없는 사람들은 점을 찍는 삶뿐만 아니라 한없이 기다리는 삶을 산다. 이상적인 직업, 이상적인 배우자, 그리고 더없이 행복한 휴가 같은 것들 말이다. 졸업하면 보수 좋은 직업을 기다리고, 직업을 얻고 나면 더 높은 직급을 기다리고, 어쨌거나 삶에 의미를 가져다줄 뭔가를 기다린다. 그런 기다림은 달성될 수는 있지만 궁극적인 만족으로 이끌지는 못한다.

심리학자 윌리엄 마스턴은 3천 명에게 "자신의 삶에서 무엇을 기대합니까?"라고 물었다. 충격적이게도 94퍼센트가 그저 미래를 기다리면서 현재를 버티고 있다고 응답했다는 사실이다.[2] 나는 목적을 지닌 사람이 되고 싶기에 이렇게 자문하곤 한다. "린다, 지금 근시안적으로 사는 건 아니니? '기다림' 모드에 앉아 있지는 않아?"

나는 최근에 열네 살짜리 소년(그렇다, 열네 살이다!)이 쓴 시를 읽었다. 그 아이는 나로 하여금 내 초점을 점검하게 했다.

봄이 왔지만, 내가 원한 건 여름이었다.
따뜻한 날과 야외 운동이 있으니까.
여름이 왔지만, 내가 원한 건 가을이었다.
각색 단풍과 시원한 공기가 있으니까.
가을이 왔지만, 내가 원한 건 겨울이었다.

아름다운 눈과 크리스마스의 기쁨이 있으니까.

드디어 겨울이 왔지만, 내가 원한 건 봄이었다.

따뜻함과 자연의 꽃봉오리가 있으니까.

나는 어린이였지만, 내가 원한 건 어른이었다.

자유로움과 존경이 있으니까.

스무 살이 되었지만, 내가 원한 건 서른 살이었다.

성숙함과 정교함이 있으니까.

중년이 되었지만, 내가 원한 건 스무 살이었다.

젊음과 활기가 있으니까.

은퇴했지만, 내가 원한 건 중년이었다.

무제한의 지성이 있으니까.

내 삶은 끝났지만, 내가 원한 건 결코 얻지 못했다.[3]


## 갈 길을 정하라

당신이 외딴 섬으로 날아간다고 잠시 상상해 보라. 한 시간 정도 비행했을까, 스피커로 기장의 음성이 들린다. "좋은 소식과 나쁜 소식이 있습니다. 나쁜 소식은 레이더가 고장났고 운항 장비도 손상되었다는 것입니다. 좋은 소식은 우리가 순 기류를 만났다는 것입니다. 그래서 현재 어디로 가는지는 몰라도 시속 1,600킬로미터의 속도로 그곳에 도착할 것입니다." 우리는 이 풍자에 실소를 머금으면서도, 우리 자신이 이 비행기처럼 날아가는 때가 자주 있다는 걸 잘 모른다. 슬픈 현실이다. 우리는 방향성 없이 환경의 바람에 의해 빠르게 질주한다.

우리는 미래에 관해서는 마치 안개 속을 걷는 것 같다. 우리는 인생 계획을 세우는 것보다 여름휴가 계획을 세우는 것에 더 많은 시간을 사용한다! 만약 누군가 우리더러 어디를 향해 가느냐고 묻는다면 '헬스장에요'라고 대답할 것이다. 우리는 아이들의 일정표, 차 태워 주는 것, 직장 일, 두려움, 문제들에 꽉 붙들려 있어 더 큰 그림을 그리지 못한다. 우리가 누구인지, 무엇 때문에 존재하는지를 잊어버린다. 무엇을 해야 할지를 생각해 보기 위해 멈추지 않는다. 더더욱 나쁜 것은 그것에 대해 기도조차 하지 않는다는 것이다.

하나님이 우리에게 품고 계신 비전과는 정반대다. 성경은 우리가 이 삶을 어떻게 살아가야 하는지 권면한다.

> 그런즉 너희가 어떻게 행할지를 자세히 주의하여 지혜 없는 자 같이 하지 말고 오직 지혜 있는 자 같이 하여 세월을 아끼라 때가 악하니라. 그러므로 어리석은 자가 되지 말고 오직 주의 뜻이 무엇인가 이해하라 (엡 5:15-17).

우리는 삶의 의미와 목적을 '아는' 사람들이 되어야 한다. 철학자 괴테는 "가장 중요한 것들은 그보다 덜 중요한 것들을 위한 희생양이 되어선 안 된다"고 말했다. 아직까지 인생의 목적을 정하지 않았다는 것은 타인의 목표, 환경의 압력에 따라 행동하면서 (아주 바쁘지만 결국은) 태만하게 살고 있다는 뜻이다. 이것은 삶의 의미와 목적을 아는 사람의 삶이 '아니다.' 그렇지만 당신의 잘못된 초점을 바꾸기에 너무 늦은 것도 아니다.

## 조정된 초점

우리는 반드시 잘못된 초점을 교정해서 목적 있는 사람이 되어야 한다. 무엇을 믿는지와 어디로 가고자 하는지를 규정짓는 '목적 선언문'이 좋은 출발점이 된다. 역사상 많은 위인들이 인생의 목적 선언문을 썼다. 여기서 나에게 영향을 준 두 개의 선언문을 소개하고 싶다. 첫째는 18세기의 불 같은 설교자, 조나단 에드워즈의 결심문이다. 나는 여기서 강한 목적의식을 '느낄' 수 있다.

> 나는 살아 있는 동안 전력을 다해 살겠다.
> 나는 단 일 분도 놓치지 않고, 그 일 분을 최대한 활용하겠다.
> 나는 남을 무시하거나 하찮게 여기는 어떤 행동도 하지 않겠다.
> 나는 복수심에서 유발된 어떤 행동도 하지 않겠다.
> 나는 삶의 마지막 순간이라면 하지 않으리라 생각되는 어떤 행동도 하지 않겠다.[4]

조나단 에드워즈는 결심문의 형식으로 인생의 목적 선언문을 썼다. 베티 스캇 스탬은 기도문의 형식으로 썼다.

주님, 내 모든 계획과 목적, 내 모든 욕망과 소망을 내려놓고, 내 삶을 향한 당신의 뜻을 받아들입니다. 나와 내 생명과 내 모든 것을 완전히 당신께 드립니다. 영원히 당신의 것이게 하소서. 나를 채우시고 당신의 성령으로 인치소서. 당신이 원하는 대로 나를 사용하시고, 당신이 원하는 곳에 나를 보내소서. 어떤 대가를 치른다 할지라도, 지금 그리고 영원히 내 삶에 당신의 온전한 뜻을 이루소서.[5]

베티는 이 기도문대로 살았다. 그녀는 남편과 함께 중국 선교사가 되었고 1949년 공산당이 정권을 잡은 직후 순교했다. 인생의 목적이 담긴 이 기도문은 많은 사람들에 의해 사용되어왔다. 엘리자베스 엘리엇도 어릴 적에 이것을 성경 앞면에 적고 서명했다. 이 기도문은 남편 짐 엘리엇이 아우카 인디언들에게 순교했을 때 엘리자베스의 삶이 어떠했는가를 생각나게 해준다.

나는 당신에게 '성숙한'(mature) 네 명의 친구들을 소개하고 싶다. 그들이 어떻게 초점을 가지고 살았는지 이야기하고 싶다. 필리스, 진, 미미는 손자손녀가 있는 할머니다. 네이는 독신이지만, 그녀의 영적 자녀들은 온땅을 덮을 만큼 많다. 하나님이 이 네 사람의 이야기를 사용하셔서 당신이 초점을 조정하고 "이것이 내 목적이야. 나는 내가 어디로 가고 있는지 알아"라고 말할 수 있게 도우시기를 기도한다.

## 필리스

필리스 스탠리는 목적 없이 살던 때를 기억한다. 대학 시절, 그녀는 기독교에 회의를 느끼고 성경을 덮어버렸다. 그리고 자기만의 방식으로 살기로 결심했다. 2년 후, 그녀는 하나님께 용서를 구했고, 엉망진창이 되어버린 인생의 조각들을 맞춰달라고 간구했다. 그녀는 남은 인생을 하나님을 위해서만 살기 원한다고 기도했다. 그녀의 인생 모토는 빌립보서 3장 10절이었다. "내가 그리스도와 그 부활의 권능과 그 고난에 참여함을 알고자 하여."

필리스는 말한다. "나에게 자녀가 생겼을 때, '이제 아이들이 나의 목적일까?'라고 생각했던 걸 기억한다. 나는 아이들은 나의 목적이 아니라는 걸 깨달았다. 나의 인생 목적은 계속 진행중이다. 처음엔 한 구절에서 시작했지만, 몇 년 후 하나님은 나의 목적을 분명하게 할 네 단어를 주셨다." 그 단어들은 '목적 있게,' '신실하게,' '창의적으로,' '역설적으로'였다. 필리스의 인생 목적은 다음과 같이 완성되었다.

나는 내 인생을 정말 '목적 있게' 살기 원한다. 인생의 목적을 정기적으로 반추하고 기도하면서, 하나님을 열렬히 사랑하면서, 남편을 아끼고 사랑하면서, 자녀들과 영적으로 교제하고 기도하면서, 사람들을 사랑하고 그들의 삶에 영적인 기초를 놓으려 힘쓰면서 살기 원한다.

나는 내가 볼 수 없는 영역에 대해 하나님을 신뢰하면서 '신실하게' 살기 원한다. 아이들의 인생에서 내가 할 수 없는 일들을 하나님은 하실 수 있다는 걸 믿기 원한다.

나는 우리 가정에, 식탁 주위에, 성경 공부에 아름다움과 따뜻함을 창조하며 '창의적으로' 살기 원한다. 창의성은 초점이 맞추어진 목적 있는 삶에 생기를 더해 준다.

나는 '역설적으로' 살기 원한다. 나의 이기적인 본성, 우리의 문화를 거슬러 가기 원한다. 내가 주고 싶은 양보다 좀 더 주면서, 오리를 가자는 사람에게 십리를 가주면서 예수님처럼 살기 원한다.[6]

당신에게 필리스를 알 수 있는 특권이 주어진다면, 이 네 단어들이 그녀의 삶에 투영되고 있음을 분명히 볼 수 있을 것이다.

## 진

진 플레밍은 사려 깊고 초점이 맞춰진 삶을 사는 사람이다. 진에게 인생의 목적 선언문을 말해 달라고 했을 때, 그녀는 "후대에 영향을 주고 싶어요"라고 대답했다. 시편 78편 1-5절은 하나님의 깊은 진리를 자손들에게 전해 주고 싶어하는 진의 열정을 기록하고 있다. "우리가 이를 그들의 자손에게 숨기지 아니하고 여호와의 영예와 그의 능력과 그가 행하신 기이한 사적을 후대에 전하리로다"(시 78:4).

후대에 유산을 남겨주려는 소망에 초점을 맞추고 살아가기는 어렵다. 진은 『소용돌이 세상에서 초점 발견하기』(*Finding Focus in a Whirl-*

wind World)라는 탁월한 책에서 이렇게 말한다. "삶에 초점을 맞추려다 보면 만만찮은 문제가 보이기 시작한다. 우리 쪽에서의 노력이나 결심이 없으면, 삶은 초점을 잃는다. 하루하루 삶의 과정은 이 초점을 흐리거나 산만하게 하기 쉽다. 우리는 어떻게 사는지를 점검할 시간이 없을 만큼 바쁘다. 플라톤은 점검되지 않는 삶은 살 가치가 없다고 말했다."[7]

진은 고된 일상 속에서도 초점을 유지하기 위해 삶을 나무에 비유한다. 나무의 몸통은 그리스도와의 관계를, 굵은가지는 가족, 일, 사역, 자기계발 등 하나님이 주신 주된 책임을 상징한다. 그리고 잔가지는 여러 사업과 기회들이다. 때때로 '사업' 가지들이 우후죽순으로 자라나서 몸통과 굵은가지를 가릴 때가 있다. 진의 말에 의하면, 이런 경우엔 답답하고 좌절되고 공허한 느낌이 든다고 한다. "나는 삶을 사업으로 규정하려는 한계에서 벗어나야만 한다. 잔가지가 아니라 몸통과 굵은가지에 초점을 맞춰야 한다. 일이란, 예수님 때문에, 그리고 내 삶을 그분이 주장하시기 때문에 하는 것이다. 나는 그 이유가 아닌 다른 이유로는 일하지 않는다."

진에게 있어서 초점을 가지고 산다는 것은 나무의 가지치기를 하는 것과 같다. "나는 1년에 서너 차례 반나절 동안 주님과 함께 내 삶을 평가한다. 내 스케줄을 점검하고, 향후 몇 개월을 위한 새로운 방향을 설정한다. 나는 대부분의 시간을 성경을 읽고 기도하고 찬양하는 데 사용한다. 이 경건의 시간은 일상에서 환상과 신기루를 잘라내는 칼과 같은 역할을 한다. 이 시간은 내가 주의를 집중해서 위엣 것에 마음을 둘 수 있도록 힘을 준다."

진은 이 시간 동안 자기의 나무를 주님 앞에 내려놓고 이렇게 여쭤본다. "주님, 삶의 이 시점에서 당신과의 관계에 생동감을 불어넣으려면 무엇을 해야 하나요? 무엇에 '예'라고 말해야 하고, 무엇에 '아니오'라고 해야 하나요?"

반나절의 가지치기가 끝나면 진은 항상 자기가 해야 할 일에 대해 분명한 방향성을 갖게 될까? 아니다. 하지만 그녀가 영적으로 긴장하면서 하나님의 말씀을 들으려고 그분의 음성에 귀를 기울일 때, 그녀의 마음은 하나님과의 긴밀한 유대감을 갖게 된다.[8]

진의 경건한 초점은 그녀가 나무를 손질하고 하나님과 교제하기로 결심한 것에 직접적으로 기인한다.

## 네이

네이 베일리의 인생의 목적 선언문은 두 가지 성경 구절과 기도문으로 되어 있다. 그녀는 24살에 로마서 8장 28-29절에 기초하여 인생의 목적을 정했다. "우리가 알거니와 하나님을 사랑하는 자 곧 그의 뜻대로 부르심을 입은 자들에게는 모든 것이 합력하여 선을 이루느니라. 하나님이 미리 아신 자들을 또한 그 아들의 형상을 본받게 하기 위하여 미리 정하셨으니 이는 그로 많은 형제 중에서 맏아들이 되게 하려 하심이니라."

네이는 그리스도의 형상을 본받는 것에 초점을 맞추면서, 이 구절을 자기의 삶의 특수한 상황에 개인적으로 적용시켰다. "내가 좋아하지 않는 일이 생겼을 때, 나는 하나님께 감사했다. 내가 이해하지 못할 때에도 말이다. 나는 부정적인 상황도 그분을 본받게 하기 위한 상황임을 알았다."

10년 후, 하나님은 네이의 마음에 두 번째 성경 구절을 심어주셨다. 그녀는 하나님 앞에 무릎을 꿇고 이사야 61장 1-3절 말씀대로 살겠노라고 헌신했다.

> 주 여호와의 영이 내게 내리셨으니 이는 여호와께서 내게 기름을 부으사 가난한 자에게 아름다운 소식을 전하게 하려 하심이라 나를 보내사 마음이 상한 자를 고치며 포로된 자에게 자유를, 갇힌 자에게 놓임을 선포하며, 여호와의 은혜의 해와 우리 하나님의 보복의 날을 선포하여 모든 슬픈 자를 위로하되, 무릇 시온에서 슬퍼하는 자에게 화관을 주어 그 재를 대신하며 기쁨의 기름으로 그 슬픔을 대신하며 찬송의 옷으로 그 근심을 대신하시고 그들이 의의 나무 곧 여호와께서 심으신 그 영광을 나타낼 자라 일컬음을 받게 하려 하심이라.

나는 네이의 친구로서 그녀의 삶이 어찌나 모범적으로 이 구절들을 실천하는지에 놀란다. 네이는 가난한 자에게 아름다운 소식을 전하고, 마음이 상한 자를 고치고, 포로된 자에게 자유를, 갇힌 자에게 놓임을 전파한다. 네이는 희락의 기름으로 슬픔을 대신하고, 찬송의

옷으로 근심을 대신한다.[9]

20년 후, 네이는 다음의 기도문을 들었고 자신의 기도로 올려드렸다.

> 주 예수여, 당신께 드립니다.
> 내 존재 전부를,
> 내 소유 전부를,
> 내 행위 전부를,
> 내 고통 전부를,
> 지금 그리고 영원히.[10]

이 아름다운 기도를 실천하기 위해, 네이는 종이 4장을 가져다 ⑴ 내 존재 전부, ⑵ 내 소유 전부, ⑶ 내 행위 전부, ⑷ 내 고통 전부라고 적었다. "나는 네 가지 범주에 속한다고 생각하는 것은 모두 적었다. 나는 이 4장에 적힌 모든 목록이 희생제사로 드려야 할 대상들이라 생각했다. 그래서 작성을 마친 후 거기에 적힌 내용에 대해 하나님께 감사하고 그것들을 하나님께 제물로 드렸다."

네이의 목적 선언문은 해를 거듭할수록 발전해 왔다. 이와 더불어, 그리스도의 형상을 본받게 하시려는 하나님의 사역도 그녀를 아는 모든 이에게 아름답고도 뚜렷하게 증거되고 있다.

## 미미

미미 윌슨이 30세였을 때, 그녀는 자기가 존경하는 사람들이 어떻게 그렇게 탁월하게 살았는지 궁금해지기 시작했다. 그녀는 그들의 삶을 모방했다. "책을 읽고 그들의 삶을 관찰, 연구했다. 질문도 많이 했다. 하나님은 나에게 초점이 분명한 목적에 대한 열망을 주셨다. 마치 하나님이 나를 '명철'이라고 불리는 방으로 끌어당기시는 것 같았다. 그 방에서 '나는 왜 여기에 있는가,' '나는 어디로 가는가,' '내 인생의 목적은 무엇인가' 등의 질문에 대해 묵상했다. 첫 번째 방에 도착했을 때, 그 방 옆에 '결심'이라 불리는 두 번째 방이 있다는 걸 깨달았다. 질문에 대한 대답은 충분치 않았지만, 첫 번째 방은 디딤돌에 불과했다. 이제 나는 '명철'의 방에서 발견한 것을 실천해야 했다. 그것이 곧 '결심'이었다."

"32세가 되자, 나는 영원의 관점에서 내 인생을 보았다. 영원은 내가 죽었을 때 시작되는 것이 아님을 깨달았다. 나의 영원은 이미 시작되었던 것이다! 그래서 내 인생을 영원한 선에 비유했다. 선의 왼쪽 끝에 서서 오른쪽에 있는 내 인생의 끝을 바라봤다."

미미 32세 _____ 80세

"두 가지 중요한 질문이 떠올랐다. 첫째, 나는 80세에 무엇을 하기 원하는가? 이 질문은 쉬웠다. 나는 대답을 알고 있었다."

- 만족하는 사람
- 지혜로운 사람
- 경건한 사람

"둘째 질문은 대답하는 데 오래 걸렸다. 나는 어떻게 그런 사람이 될 것인가? 나는 그것이 하나님의 성품을 더 깊이 아는 것에서 시작된다고 생각했다."

미미는 32세부터 일주일에 한 번씩 오전에 기도하며 하나님의 성품을 묵상했다. 세 꼬마들이 당신의 주위를 빙빙 도는 와중에 기도하려 애써본 적이 있다면, 이것이 얼마나 어려운 결정이었는지 알 것이다. 미미는 어떻게 이것을 해냈을까? "나는 내가 기도하는 동안 하나님께 집중하면서 아이들이 그분을 싫어하는 걸 원치 않았다. 그래서 나는 기도하기 전에 나의 세 천사들에게 (엄마 말을 잘 들었을 때 주는 특별 선물인) '생크림'을 듬뿍 주었다. 이만한 노력을 들일 가치가 있지 않은가? 나는 주님과의 친밀한 시간을 갖기 위해서라면 천지라도 움직였을 것이다. 주님이 나를 만나주시고 내게 그분 자신을 보여주시기 때문이다. 기도 시간을 마칠 때면, 영원에 대한 새로운 시각을 갖게 되었다. 하나님 안에서 나의 영원함을 매주 깨닫는 것이다. 나는 나의 '오늘'과 그것에 포함된 문제들을 영원의 관점에서 볼 수 있었다."

미미는 지식(명철의 방)을 행동(결단의 방)으로 옮기겠다고 마음속으로 결심했고, 경건과 지혜와 만족을 추구하기로 한 비밀스런 선택을 매우 감사해 했다. 그녀는 "선은 흉내낼 수 있지만 경건은 모방할 수 없다"라고 말했다.

미미는 꾸준히 목표를 향해 나아갔다. 그녀의 결심은 대단히 중요했다. 그녀가 초점을 조정한 지 20년이 흘렀다. 그녀는 '영원한 선'을 따라 움직였다.

미미
32세 _____ 52세 _____ 80세

나는 미미의 친구로서 이렇게 말할 수 있다. 오늘날 그녀는 만족하는 사람, 지혜로운 사람, 경건한 사람이라고 말이다. 그녀가 영원을 향해 한 걸음 더 전진할 때 어떤 사람이 될까를 상상해 보는 건 얼마나 흥미진진한가![11]

### 당신은 어느 방에 있는가?

지금까지 인생의 목적이 무엇인지 보여달라고 하나님께 간구했던 몇몇 사람들을 살펴보았다면, 이제 당신도 동일하게 해보기를 권한다. 당신이 명철의 방에서 결단의 방으로 이동하기로 마음을 정하는 것이 나의 기도제목이다.

내 친구들은 모두 하나님께 초점을 맞춘 목적 선언문을 썼다. 필리스는 목적 있게, 신실하게, 창의적으로, 그리고 역설적으로 살기로 결심했다. 진은 자기의 삶을 나무로 보고 하나님의 지속적인 손질을 간구했다. 네이는 인생의 목적 선언서로 두 성경 구절과 기도문을 선택했다. 미미는 자기가 80세가 되었을 때 되고 싶은 모습을 확정하고 그 목표에 도달하기 위해 특별한 단계들을 설정했다.

네 사람 모두 자기의 목적을 진술하는 방식도 달랐다. 필리스는 노트에 적었다. 네이는 마음에 적었다. 미미의 선언문은 몇몇 경건한 크리스천들을 연구한 후에 나왔다. 진의 선언문은 하나님 말씀에 대한 연구에서 나왔다. 각각의 인생의 목적은 시간이 흐르면서 구체화되고 정제되어 갔다. 어느 시점에 이르자, 그들은 조정된 초점과 확신을 가지고 전진하기로 결심했다. 핵심을 말하자면, 그들은 모두 (하나님의 도우심으로) 자기의 인생 목적을 확정하기로 결심했다.

내 친구여, 기도하고 펜과 종이를 들어 하나님께 인생의 목적 선언문을 보여달라고 간구하지 않겠는가? 오늘로부터 10년 후, 당신이 어디에 있기 원하는지 자문해 보라. 하나님의 성품과 당신을 향한 계획을 묘사한 성경 구절, 혹은 한 가지 결심에서 시작해 보라. 예를 들어, "내 인생의 목적은 내 모든 말과 행동에서 하나님을 영화롭게 하는 것이다"도 좋다. 성경 구절이나 문장이 생각나지 않으면, 네 친구들의 아이디어를 빌려도 좋다. (그들은 이미 허락했다.) 당신이 무엇을 쓰든, 그것이 시작임을 기억하라.

필리스, 진, 네이, 미미에게 있어서 인생의 목적을 발견하는 것은 하나의 과정일 뿐이다. 그리고 당신에게도 마찬가지이다. 하지만 모든 과정에는 반드시 시작이 있다.

다음의 이야기는 조정된 초점으로 살고 싶다는 나의 열정에 큰 영향을 끼쳤다. 이 여인을 마티라 부르겠다. 마티는 평생 하나님의 말씀을 사랑하고 의지했으며, 너덜너덜해지도록 읽은 성경을 되도록 많이 암송하려고 노력했다. 그녀의 인생 모토는 디모데후서 1장 12절이었다. "이로 말미암아 내가 또 이 고난을 받되 부끄러워하지 아니함은 내가 믿는 자를 내가 알고 또한 내가 의탁한 것을 그 날까지 그가 능히 지키실 줄을 확신함이라."

마티는 나이가 들어가면서 기억력이 희미해졌고 자잘한 것들은 잊어버렸다. 결국 사랑하는 가족들의 얼굴도 알아보지 못했다. 마티는 요양원의 침대에 갇히는 신세가 되었다. 가족과 친구들이 마티를 방문했을 때, 그들은 그녀가 아직도 성경 구절들, 특히, 그녀가 좋아하던 인생 모토의 말씀을 암송하고 있는 것을 발견했다. 시간이 더 흐르자 가장 특별한 이 구절조차 잊혀져갔다. 하지만 그녀는 "난 내가 믿는 분이 누구인지 알아. 그분은 나의 의탁한 것을 능히 지키실 수 있어"라고 말하곤 했다.

마티의 임종 때, 온 가족은 그녀의 희미한 목소리를 듣기 위해 귀를 기울여야 했다. 그녀의 인생 모토 중에 오직 한 단어만 남았다. '그분'이었다. 마티는 천국 문 앞에 가까이 갈 때까지 그 말을 계속 되뇌었다. "그분 … 그분 … 그분 …." 그분은 남겨진 전부였다. 그분은 필요한 전부였다. 그녀의 삶의 초점은 그분이었다.[12]

 **만족의 사람 | 빅토리아**

물 속에 머리를 한 번만 더 담갔다 빼면 이제 머리 감기는 끝나는 거다. 물은 정말 차가웠다! 바깥 기온은 영하 15도까지 떨어졌다.

빅토리아가 사랑스런 미소를 머금고 내가 머물던 그녀의 집으로 걸어들어왔을 때 나는 미안함을 느꼈다. 나는 즉시로 감정이 사그러들었다. 그녀에게는 얼얼한 머리가죽보다 해결해야 할 더 힘든 일들이 있었다. 나는 물이 얼음장 같이 차갑다는 걸 그녀가 전혀 몰랐다고 확신한다. 자녀가 아프면 매일 겪는 불편함 정도야 무슨 어려움이겠는가? 어머니의 마음은 자녀의 고통만을 본다. 어린 아데나의 삶은 사라지지 않는 큰 고통이었다. 그런 아데나도 자기 아빠와 엄마처럼 그리스도를 따르기 원했다.

1980년의 루마니아는 감옥과 같았다. 아데나는 수감자들 중에서도 어린 축에 속했다. 아버지가 목사라는 이유로 아데나는 학교 선생님들에게 조롱을 당했고, 어리석은 미신을 믿는다는 이유로 교실 앞에서 비난을 받아야 했다. 공격적인 아이라면 되갚아 주었겠지만, 열세 살인 아데나의 가녀린 본성은 산산조각이 나버렸다. 의사들은 아데나의 감정적인 상처를 치료하고자 항우울제를 다량 복용하도록 처방했다. 빅토리아는 가장 소중한 보물인 딸이 다른 사람이 되어가는 걸 지켜봐야만 했다.

　부모에게 있어서 자녀의 고통을 지켜봐야 하는 것만큼 고통스러운 것이 있겠는가? 특히 하나님이 간섭해 주시지 않는 것 같은 상황에서 말이다. 나라면 그 불안함이 극에 달했을 텐데, 빅토리아는 자기보다 더 아데나를 사랑하시는 분께 자기의 불안을 맡기는 법을 체득했다.

　나는 차가운 머리를 수건으로 말고 빅토리아의 발밑에 가 앉았다. 그녀는 주관자이신 주님의 존전에서 내가 그토록 걷고 싶던 걸음을 내딛고 있었다.

# 8
## 만족의 방해물 : 염려

염려에 관한 인용구를 모아봤다. 여기서 당신에게 해당하는 것이 있는가?

- 염려는 그네의자와 같다. 드는 품은 많지만 끝에는 모든 것이 처음으로 돌아간다.
- 염려에서 완전히 벗어나는 순간이 있다. 이 잠깐의 휴식기를 공황(panic)이라 부른다!

이런 말들은 유머스러운 반면, 아래의 인용구는 생각을 하게 만든다.

- 조지 뮬러는 말했다. "불안의 시작은 믿음의 끝이다. 참된 믿음의 시

작은 불안의 끝이다."
- 모든 초조와 염려는 하나님 없이 생각하는 데서 비롯된다.

염려하는 것은 "하나님은 할 수 없어"라고 말하는 것이다. 불안 속을 걷는 것은 믿음 없이 걷는 것이다. 우리는 믿음의 사람이 되고 싶지만, '염려'가 우리의 이름표가 되는 경우가 많다. 우리는 염려가 우리를 움켜쥘 때의 고통을 안다. 두려움의 시내가 우리의 마음속을 정처 없이 흐르다가 다른 모든 생각이 드나드는 통로를 막아버린다는 사실을 잘 알고 있다. 우리는 반드시 이 "하나님은 할 수 없어"라는 질병을 극복해야 한다.

나는 염려에 대해 많은 생각을 해보았다. 염려는 하나님이 내 삶에서 다루기로 결정하신 영역이기 때문이다. 내가 사람들을 만나면서 그들이 무엇에 대해 염려하는지를 물었을 때, 그들은 '전부'라고 대답했다! 하지만 그들이 가장 많이 언급했던 걱정거리들은 다음과 같다. 그 중에서 돈이 가장 우세했다.

돈. 이번 달 주택융자금은 어떻게 갚을까? 아이들을 좋은 대학에 보낼 수 있을까? 카드 할부금을 어떻게 감당할까?

자녀양육. 아기를 가질 수 있을까? 좋은 엄마가 될 수 있을까? 내가 부모님 마음고생을 시킨 것보다 아이들이 더 심하게 굴면 어떡하지?

결혼. 결혼하고 싶은 상대를 만날 수나 있을까? 내 결혼생활이 지속될까? 내 배우자가 끝까지 신실할까?

건강. 나 혹은 내가 사랑하는 누군가가 암이나 치매에 걸리지는 않을까?

직장. 원하는 직장을 얻을 수 있을까? 몇년간 실업자로 지내면 어떻게 하지? 열심히 일한다고 마땅한 보상이 있을까?

위협. 내 아이가 잘못되는 일이 생길까? 어떤 미치광이가 내가 탄 버스에서 행패를 부리면 어쩌지?

내가 그들에게 왜 염려하는지 묻자, 그들은 세 가지 이유를 댔다.

- 세상은 통제불능이다.
- 가족들은 통제불능이다.
- 내 삶은 통제불능이다.

위의 모든 걱정거리가 내게도 해당된다. 나의 삶을 되돌아볼 때 나의 가장 큰 불안거리는 네 명의 자녀들이다.

### 뉴욕 공항에서 흐느끼다

나는 홍콩의 아파트에서 요란하게 울리는 전화기를 집어들었다. 딸 로빈이었다. "엄마, 내 몸에 뭔가 끔찍한 일이 일어나고 있어요…. 우리는 결혼식에 참석해서 잠깐 감자튀김을 먹었는데, 곧바로 미쿠(로빈의 남편)가 나를 데리고 나왔어요. 내가 영문도 모른 채 흐느끼고 있었거든요. 내 몸에서 내가 통제할 수 없는 뭔가가 일어나고 있다는 게 무서웠어요. 엄마, 그런데 내가 엘리베이터 안에서 또 다시 흐느끼는 거예요. 끔찍했어요. 이게 대체 뭐죠? 무서워요. 친구가 그러는데 이건 공포로 인한 발작이래요. 하지만 내가 왜 공포 때문에 발작을 일으켜야 하죠?"

이런 대화는 몇 주 후에 다시 한번 오갔다.

"엄마, 좋은 소식이 있어요. 그게 공포로 인한 발작이 아니라 졸도래요. 좋은 소식 아니에요? 감정상의 문제가 아니라 신체상의 문제잖아요! 내일 MRI랑 CAT 검사를 받아요. 기쁘지 않아요, 엄마?"

나는 전혀 기쁘지 않았다. 젊은 성인에게 졸도는 많은 것을 의미할 수 있다. 그 중 어떤 것도 그다지 즐거운 일이 아니다. 나는 남편 조디에게 이렇게 말한 기억이 난다. "로빈의 증세가 공포로 인한 발작이 아니래요. 졸도라고 하더군요. 그 애는 그걸 좋다고 생각하더라고요." 나는 졸도가 뇌종양을 의미할 수 있다는 걸 알고 있었다. 공포가 내 마음을 채우기 시작했다. 얼마 전 뇌종양으로 죽은 친구 아들의 장례식에 다녀온 터였다.

내 마음에서 유유히 흐르던 두려움의 시내가 격렬한 급류가 되었다. 나의 모든 생각이 드나드는 통로를 차단해 버린 것이 분명했다. 나는 기도하고 상황을 하나님께 맡겼지만, 5분 뒤 여전히 고민하는 내 모습을 발견했다. "하나님, 당신을 신뢰하는 법을 가르쳐주세요." 이것이 내 기도가 되었다.

며칠이 지났다. 로빈의 검사 결과, 뇌종양이 아니란 진단이 내려졌다. 우리는 하나님께 감사했다. 로빈의 증세는 간질이었고, 졸도를 막기 위한 약물 처방이 내려졌다.

내 딸은 태평양과 아메리카 대륙 너머의 필라델피아에 있었다. 그 애를 만나 안아주고 싶은 마음이 간절했다. 바겐세일의 귀재인 나는 500달러 정도로 홍콩-뉴욕 왕복 비행기 티켓을 찾아냈고, 일주일 동안 필라델피아에 있는 로빈과 함께 지냈다. 약물치료를 받는 모습은 보기 안쓰러웠지만 딸의 졸도 증세는 안정되는 듯했다. 홍콩으로 돌아가는 비행기를 타려고 기차를 타면서 나는 감사했다.

비행기에 오르기 전, 마지막으로 로빈의 목소리를 듣고 싶어 전화를 했다. 전화를 받는 목소리가 작아 거의 들리지 않았다. "아가야, 왜 그러니?"라고 묻자 로빈은 울음을 터뜨렸다. "엄마, 약물치료에 대한 반응이 끔찍해요. 너무 아파요. 평생 이렇게 아픈 건 처음이에요. 열도 많이 나고, 온 몸에 두드러기가 생겼어요. 림프선도 퉁퉁 부었어요. 의사가 약물치료를 즉시 중단해야 한대요. 그 말은 졸도 증세가 재발할 거란 뜻이에요."

소중한 딸아이가 혼자 아플 것을 생각하니, 다른 엄마들이 그렇듯 나도 뉴욕 공항의 한 모퉁이에 서서 엉엉 울어버렸다. 내 마음은 무기력함으로 가득했다. 딸에게 내가 필요한데도 나는 거기에 있어주지 못했다.

나는 외우고 있던 인용구를 떠올렸다. "고요한 긴장은 신뢰가 아니다."[1] 나의 내면은 불안으로 으스러져 있었다!

## 염려란?

내가 아는 모든 사람은 한두 번쯤은 염려(불안이라고도 부른다)와 싸워본 적이 있었다. 내게는 뇌의 화학적 불균형 때문에 불안으로 인한 발작을 경험했던 친구들도 있다. 그들은 불안을 통제하기 위해 약물치료를 받아야 했다. 이 경우는 통제력이 부족한 신체상의 문제다. 내가 말하려는 종류의 불안은 이런 게 아니다. 나는 우리에게서 삶에 대한 지휘권을 건네받은 '매일의 걱정거리'에 대해 말하는 것이다.

프랭크 미너스와 폴 마이어의 책 『염려 없는 삶』(*Worry Free Living*)에 의하면, 염려는 오늘날 미국에서 가장 심각한 정신 질환이다.[2] 그러나 10명에게 불안에 대해 설명해 달라고 부탁하면 10가지 다른 대답이 나온다. 여기에 몇몇 사람들의 대답들을 모아보았다.

- 잠이 오지 않아 한밤중에 거실을 배회할 때 느끼는 감정이다.
- 어떤 일을 마칠 때까지 가만히 앉아 있지 못하고 집중하지 못할 때 느끼는 끔찍한 무력감이다.
- 어깨에서 시작해서 목까지 퍼져가는 목의 통증이다.

이 대답들은 모두 예리하다. 하지만 그들은 염려를 정의하기 보다는 염려의 결과에 초점을 맞추고 있다. 그렇다면 염려란 무엇인가?

'염려'라는 단어는 고대 앵글로-색슨어의 '질식시키다, 숨막히게 하다'라는 단어에서 기원했다. 염려가 목을 조르면 만족과 평강의 삶을 누릴 수 없다.

'염려'는 영혼을 분열시키고 혼란케 한다. 또한 현재의 의무보다는 결코 이루어질 수 없는 조건들을 헛되이 끼워 맞추는 데 더 관심을 쏟게 만든다. 이것은 다리에 도달하기 전에 다리를 건너려는 습관과 같다.

염려는 '환경'보다는 '관점'과 관련이 있다. 유사한 상황에서도 불안한 사람과 평안한 사람이 있다. 사람은 위협이나 위험을 감지했을 때 염려한다. 내가 '감지하다'라는 단어를 쓰는 이유는 위험은 실재할 수도 있지만 상상에 의해 만들어질 수도 있기 때문이다. 내 아이가 도로 한복판에 서 있고 차 한 대가 다가오고 있다면, 그 위험은 실재한다. 이 때의 불안은 내 아이를 사고에서 구하는 좋은 경계 시스템이다. 만약 내 아이가 마약을 하면 어떻게 하지, 내 딸이 임신을 하면 어떻게 하지, 내 남편이 바람을 피면 어떻게 하지, 내가 유방암에 걸리면 어떻게 하지, 다음달 청구서를 지불하지 못하면 어떻게 하지 … 이런 것들을 염려한다면, 그 위험은 상상에 의한 것이다.

프랑스 철학자 몽테뉴는 "내 삶은 끔찍한 불행으로 점철되어 있다. 그 대부분은 결코 발생한 적이 없다"고 말했다. 황금 같은 시간을 일어날지도 모르는 일들을 염려하는 데 사용한다면, 염려는 우리를 짓누르고 기력을 빼앗고 비효율적으로 만드는 부정적인 짐이 된다.

사람들은 자주 '염려'와 '우울'을 혼동한다. 미너스 박사와 마이어 박사는 우울이 좀더 과거와 관련되어 있다면 염려는 좀더 미래와 관련된다고 말한다. 우울은 현재에 겹쳐진 과거이고, 염려는 현재에 겹쳐진 미래다.[3] 어떤 사람은, 염려란 좀처럼 일어나지 않을 문제들에 미리 집중하는 것이라고 말했다. 얼마나 합당한 말인가! 하지만 우리는 만성적인 염려꾼들이다. 크리스천들은 그 중에서도 최악이다. 우리는 하나님을 신뢰한다고 말해 놓고도, 그 말을 한 바로 그 입으로 얼마나 많은 염려를 뱉어내는지! 염려와 불안은 작은 일에 큰 그림자를 만든다. 그리고 이 그림자가 문제를 야기한다. 영혼뿐만 아니라 육체에도 말이다.

### 염려는 파괴적이다

믿을 수 없다고 생각하겠지만, 염려가 사람을 죽인다는 말은 사실이다. 〈써큘레이션〉 잡지에 실린 32년에 걸친 연구 결과는 염려 가득한 사람들이 심장 발작을 일으킬 확률이 염려가 없는 사람들보다 4.5배나 높았다. 현대 의학은 염려가 질병에 대한 저항력을 떨어뜨린다는 사실을 증명했다. 무엇보다도, 염려는 신경계에 질병을 유발하고 특히 소화기관과 심장에 무리를 준다. 여기에 밤의 불면증과 낮의 불만족이 겹치면, 염려가 인간의 심장에 치명타를 입히리란 것을 짐작할 수 있다. 염려는 내일의 슬픔을 없애주지 않는다. 오히려 염려는 오늘의 기력을 없애버린다.

우리는 염려가 파괴적이란 걸 안다. 그럼에도 무슨 일이 일어나면 어쩌나 하는 불안 때문에 숨막혀 한다. 염려에 대한 해결책을 찾던

한 남자가 '염려 도표'라는 것을 붙여놓고 거기에 걱정거리를 꾸준히 기록했다. 그 중 40퍼센트는 결코 발생하지 않을 일들이었고, 30퍼센트는 지금이라면 하지 않았을 과거의 결정들이었다. 12퍼센트는 자기에 대한 남들의 비난이었고, 10퍼센트는 건강에 관한 염려였다. 그는 오직 8퍼센트만 진정 합당한 염려라고 결론지었다.[4]

염려는 어떤 것도 바꾸지 못한다. 염려했다고 재난을 피해가게 된 일은 없다. 어떤 회오리 바람도 막을 수 없고, 어떤 가뭄도 피할 수 없으며, 어떤 비행기 충돌도 막지 못한다. 어떤 아이의 자전거 사고도 막지 못하고, 어떤 십대의 비행이나 약물복용도 멈추게 하지 못한다. 염려 덕분에 심장 발작을 예방할 수 있었다는 소리도 안 들린다. 염려는 전적으로 비생산적이다. 그네의자 예화가 말해 주듯이, 염려는 우리에게 아무런 소득도 안겨주지 않는다. 그러나 적어도 '할' 일거리는 주는데, 우리는 늘 뭔가를 '하기' 좋아한다!

얼마나 많은 시간, 얼마나 많은 날이 우리가 어찌할 수 없거나 결코 발생하지 않을 일을 염려하는 데 소모되는지 모른다. 실제 발생한 일 자체보다 그에 대한 염려가 우리의 몸과 영혼을 상하게 한다.

### 염려가 죄인가?

다행히도 하나님의 말씀은 이에 대한 강력한 치료제다. 우리는 예수님이 염려하지 말라고 명령하셨기 때문에 그에 대한 치료제가 있으리라 확신할 수 있다. 그 치료제는 산상수훈에서, 특히 예수님이 "염려하지 말라"고 말씀하신 마태복음 6장 25-34절에서 분명하게 발견된다.

그러므로 내가 너희에게 이르노니 목숨을 위하여 무엇을 먹을까 무엇을 마실까 몸을 위하여 무엇을 입을까 염려하지 말라. 목숨이 음식보다 중하지 아니하며 몸이 의복보다 중하지 아니하냐? 공중의 새를 보라 심지도 않고 거두지도 않고 창고에 모아들이지도 아니하되 너희 하늘 아버지께서 기르시나니 너희는 이것들보다 귀하지 아니하냐? 너희 중에 누가 염려함으로 그 키를 한 자라도 더할 수 있겠느냐? 또 너희가 어찌 의복을 위하여 염려하느냐? 들의 백합화가 어떻게 자라는가 생각하여 보라 수고도 아니하고 길쌈도 아니하느니라. 그러나 내가 너희에게 말하노니 솔로몬의 모든 영광으로도 입은 것이 이 꽃 하나만 같지 못하였느니라. 오늘 있다가 내일 아궁이에 던져지는 들풀도 하나님이 이렇게 입히시거든 하물며 너희일까보냐? 믿음이 작은 자들아! 그러므로 염려하여 이르기를 무엇을 먹을까 무엇을 마실까 무엇을 입을까 하지 말라. 이는 다 이방인들이 구하는 것이라. 너희 하늘 아버지께서 이 모든 것이 너희에게 있어야 할 줄을 아시느니라. 그런즉 너희는 먼저 그의 나라와 그의 의를 구하라. 그리하면 이 모든 것을 너희에게 더하시리라. 그러므로 내일 일을 위하여 염려하지 말라. 내일 일은 내일이 염려할 것이요 한 날의 괴로움은 그 날로 족하니라.

이 말씀에서 예수님은 5번이나 염려하지 말라고 말씀하신다. 예수님은 우리가 그 메시지를 받아들이길 원하시는 것 같지 않은가?

이 구절들에서 예수님은 염려 혹은 불안을 믿음의 문제로 분류하신다. 예수님은 염려를 금하시면서 믿음의 사람이 되라고 명하신다(30절). 염려하기보다는 하나님과 그분의 신실하심에 초점을 고정시켜야 한다. 34절은 염려 없는 삶의 열쇠를 보여준다. 〈리빙바이블〉은 이 구절을 이렇게 옮기고 있다. "그러므로 내일에 대해 불안해 하지 말라. 하나님이 너희의 내일도 돌보실 것이다. 한 번에 하루씩 살아라."

분명, 우리는 미래를 위해 기도하고 계획하고 준비해야 한다. 하지만 일어나지 않을 수도 있는 일까지 염려해선 안 된다. 오늘 지고 가야 할 짐에 어제의 짐과 내일의 짐이 더해지면 아무리 강한 사람이라도 넘어지고 만다. 우리의 모든 내일은 하나님께 맡기고, 단순히 오늘 이 하루를 살아야 한다. 오늘 24시간 동안 하나님과 동행하는 것도 충분히 어렵다.

케네스 웨스트는 『신약 헬라어 단어 연구』에 이렇게 썼다. "하나님은 '영원히 단 한 가지도 염려하지 말라'고 명령하신다. 우리가 염려한다면 죄를 짓는 것이다. 우리가 염려한다면 하나님을 신뢰하지 않는 것이다. 염려할 때 우리는 기도응답을 받지 못한다. 염려는 믿지 않는 것의 증거이기 때문이다."[5] 풀턴 쉰 주교는 한 걸음 더 나아가 "모든 염려는 무신론이다. 그것은 하나님께 대한 신뢰의 부족을 의미하기 때문이다"[6]라고 얘기한다. 만나는 사람들에게 염려가 죄라고 말하자, 그들은 모두 충격을 받거나 못 믿겠다고 말했다. 한 여성은 "글쎄요,

엄마들은 염려하는 게 당연하지 않은가요?"라고 했다.

'나는 염려하는 게 정당해'라고 생각하며 스스로를 속이거나, 슬픈 현실을 애써 외면하기가 쉽다. 염려는 "난 하나님을 믿지 않아. 하나님이 아이, 결혼, 건강, 직장, 외로움을 해결하신다는 걸 믿지 않아"라고 말하는 것이다. 오스왈드 챔버스는 염려를 이렇게 정의했다. "염려는 잘못일 뿐만 아니라 불신앙이다. 왜냐하면 염려한다는 것은 하나님이 우리 삶의 세밀한 부분까지 돌보실 수 있음을 믿지 않는다는 것을 의미하기 때문이다. 우리를 괴롭히는 것은 다름 아닌 염려다."7

### 너희 염려를 다 주께 던져버리라

예수님과 바울 모두 "염려하지 말라"고 '명령'했다. 하지만 그렇게 많은 사람들이 염려하고 있고 또 그것이 너무나 자연스러워 보이는데, 어떻게 우리가 이 명령에 순종할 수 있을까? 베드로 사도는 이것이 어떻게 가능한지를 보여주었다. 베드로전서 5장 6-7절은 우리 힘으로 염려를 책임지는 것에 대해 대안을 제시한다.

> 그러므로 하나님의 능하신 손 아래에서 겸손하라. 때가 되면 너희를 높이시리라. 너희 염려를 다 주께 맡기라. 이는 그가 너희를 돌보심이라.

불어 성경에는 말 그대로 "당신의 모든 염려를 주님께 내려놓아라"

로 되어 있다. '맡기라'에 해당하는 헬라어는 '집어던지다, 세게 던지다'를 의미한다. 7절에 대해 개인적으로 가장 마음에 드는 번역인 필립스역은 "당신의 무거운 염려를 모두 주님께 던져도 좋다. 왜냐하면 당신은 주님의 관심 대상이기 때문이다"라고 말한다. 이것은 영광스런 진리다!

많은 사람들이 베드로전서 5장 7절을 암송해 왔고 문제가 생길 때마다 꺼내볼 수 있도록 따로 적어두었다. 하지만 "너희 염려를 다 주께 맡기라"는 놀라운 말씀을 적용할 때에는, 그 앞부분인 "하나님의 능하신 손 아래에서 겸손하라"를 잊을 때가 너무 많다. 이것은 하나의 개념을 전달하는 두 구절일 뿐만 아니라 한 문장이기도 하다! 두 구절은 함께 읽혀야 하고 함께 적용되어야 한다.

하나님의 능하신 손 아래에서 겸손하라는 뜻이 무엇일까? 겸손은 오직 하나님만을 신뢰하는 것이다. 우리의 전 존재, 즉 지성, 감성, 의지, 계획, 판단을 포기하는 것이다. 나에게 있어 겸손이란, 어떤 상황이나 사람이 나를 불안하게 하더라도 복되신 통치자 하나님께 복종하는 것을 의미한다.

나에게는 깊은 고통의 순간이었던 뉴욕 공항의 한 모퉁이로 돌아가보자. 어떤 말로도 내 감정을 표현할 수 없었다. 비행기 티켓을 내동댕이치고 기차를 타고 딸에게 돌아가고 싶었다. 가슴이 아팠고 마음이 불안했다. 나는 그저 무거운 마음으로 울며 서 있었다. 내가 기도했을 때, 하나님은 내 마음속에 베드로전서 5장 6-7절의 아름다운 말씀을 주셨다. 나는 베드로전서를 가르쳐본 적도 있었지만, 이 말씀은 전혀 새롭게 다가왔다. 이 말씀을 붙잡고 기도하며 나의 소중한 딸을 주님께 내어드렸다.

오, 하나님, 당신은 여기 있는 나를 보고 계십니다. 나의 깊은 고통도 아십니다. 어떤 말로도 내 감정을 표현할 수 없지만, 당신은 아십니다. 일주일 동안 멀쩡했던 로빈이 왜 내가 떠나자마자 심하게 아픈지 이해할 수 없지만, 하나님, 당신은 모든 일의 복되신 통치자이심을 압니다. 당신은 딸 아이를 사랑으로 돌보십니다. 당신은 그 아이의 몸 상태와 뇌파와 약물반응을 정밀하게 아십니다. 아버지여, 그 아이는 당신의 것입니다. 그 아이의 시간도 당신의 전능하신 손 아래 있습니다. 겸손히 나의 소중한 아이를 당신께 맡깁니다. 당신이 로빈과 나를 사랑으로 돌보실 것이기에 내 모든 염려를 당신께 던져드립니다.

기도하는 중에 마음속에 한 장면이 그려졌다.

하나님, 당신은 내가 높은 곳을 두려워하는 것을 아십니다. 하지만 지금 홍콩의 가장 높은 빌딩에 서 있는 내 모습이 그려집니다. 빌딩 가장자리를 걷고 있습니다. 그리고 내 품에는 로빈이 있습니다. 거룩하신 아버지여, 가장자리 너머를 내려다보자 당신이 밑에서 팔을 펴고 서신 것이 보입니다. 내가 모든 염려를 당신께 맡기고 뛰어내리길 기다리시며…. 하나님, 나는 큰 염려덩어리에 불과합니다. 하지만 이제 당신의 품안으로 뛰어내립니다.

하나님의 품에 뛰어내려서 내 모든 염려를 그분께 맡긴 지 20분 후, 나는 비행기에 올랐다. 나는 평온했다. 나는 본래 평온한 사람이 아니지만, 그때는 평온했다. 이건 기적이었다!

뉴욕 공항에서의 에피소드는 내 딸을 주님께 맡긴 시작에 불과했다. 로빈과 나는 여전히 지구 반 바퀴 너머에 떨어져 지냈다. 이후 2년 동안, 로빈은 두 차례의 암 치료, 한 차례의 조직검사, 수 차례의 약물치료, 제어불능의 졸도 증세 등 수많은 문제를 겪었다. 로빈은 병원을 다니느라 우울해졌고 자기가 시체 같다고 했다. 딸아이와 사위는 계속 재정 문제에 시달렸고 큰 자동차 사고까지 당했다. 더 많은 스트레스가 찾아왔다.

나는 어땠을 것 같은가? 나는 지속적으로 (계속 반복했다는 뜻이다) 내 딸을 하나님께 놓아드려야 했다. 전화벨이 울릴 때마다, 나는 무릎을 꿇고 사랑이 많으신 복되신 통치자께 로빈을 놓아드렸다. 그 아이에 대해 염려하거나 내 마음이 미래에 대한 두려움으로 질주하게 내버려두지 않았다. 오히려, 하나님께 그녀를 돌봐주시길 간구하기로 결심했다. 쉽지 않았다. 매일, 수시로 결심해야 했다. 이 때 나는 시각적인 도구를 이용했다.

### 나의 '염려를 담아두는 상자'

'불안을 담아두는 상자'는 하트 모양에 리본으로 묶여 책상 위 선반에 놓여 있다. 상자를 흔들면 안에서 바스락거리는 종이 소리가 들린다. 불안이 내 마음을 사로잡으면, 나는 작은 쪽지에 무엇이 불안을 야기하고 있는지를 적는다. 그리고 날짜를 써서 상자에 넣는다. 나는 리본을 풀고 뚜껑을 열 때마다 기도한다. "하나님, 나를 무너뜨리는 이 걱정거리를 당신께 드립니다. 상자에 넣는 순간, 이것은 당신의 것입니다." 나는 상자를 닫고 다시 리본을 묶는다. 그리고 이제 염려가 하나님의 것이 되었음에 감사한다.

걱정거리들이 들어 있는 상자를 볼 때마다, '내'가 아닌 '하나님'이 그것들을 해결하신다는 걸 상기시킨다. 나는 1년에 한두 번씩 상자를 열고 그것들을 읽어본다. 이미 해결해 주신 문제들에 대해서는 하나님께 감사한다. 남은 문제들은 다시 상자에 넣고 하나님의 때에 맡긴다.

주디는 십대 아들을 하나님께 맡기기 위해 다른 종류의 상자를 사용한다. 이 큰 상자는 아름답고 예쁘게 포장되어 벨벳 리본으로 묶여 있다. 주디는 계단 아래에서 상자를 안고 서 있다가 천천히 2층으로 올라갔다. "하나님, 이 상자는 내 마음을 상하게 하는 아들입니다. 지금까지는 그 아이를 당신께 드리고자 애쓰면서도 계속 뒤로 감추기만 했습니다. 이 계단을 올라가서 꼭대기에 이 상자를 두고 오겠습니다. 아들은 당신의 것입니다. 잠시 동안 저에게 보내시고 맡기신 선물일 뿐입니다. 지금 아이를 당신께 완전히 돌려드립니다. 이 계단을 오를 때마다 아이가 당신의 손에 있다는 사실을 기억하고 주님께 감사하겠습니다."

'염려를 담아두는 상자'나 '큰 상자'를 안고 계단을 오르는 등의 아이디어가 당신에게 호소력이 없을지도 모르겠다. 하지만 하나님을 신뢰하도록 도와줄 만한 뭔가 시각적인 일을 해보라고 권하고 싶다.

삶은 잠재적인 문제와 고통으로 가득하다. 하지만 우리는 선택할 수 있다. 우리는 염려할 수도 있고, 신뢰할 만한 분을 신뢰할 수도 있다. 둘 다 할 수는 없다. 어떤 문제로 불안해 하고 염려하게 되면, 나는 이렇게 자문한다. "내가 지금 하나님을 신뢰하지 않고 뭘 통제하려는 거지?"

우리는 우리보다 앞서서 염려와 씨름했던 사람들, 하나님이 우리의 내일에도 존재하신다는 놀라운 진리를 깨달은 사람들에게서 도움을 받을 수 있다. 조지 맥도널드의 말을 들어보자.

> 누구도 오늘 하루의 짐 때문에 주저앉지는 않는다. 인간이 견딜 수 있는 무게의 수준을 넘어가는 것은 오늘의 짐에 내일의 짐이 더해졌을 때다. 친구들이여, 스스로에게 그런 짐을 지우지 말라. 당신에게 너무 많은 짐이 지워졌다고 생각한다면, 적어도 이것만은 기억하라. 이렇게 한 건 하나님이 아니라 바로 당신이란 것을! 하나님은 자신에게 미래를 맡기고 우리는 현재에 충실하라고 간청하셨다.[8]

F. B. 마이어도 이 진리를 명료하게 썼다. "앞을 멀리 내다보려 애쓰거나 길을 힘들게 모색하지 않으면서, 한 번에 한 걸음씩 묵묵히 목자의 뒤를 따르는 삶은 축복된 삶이다. 목자는 언제나 양보다 앞서 간

다. 목자는 앞에 있다. 양들에 대한 어떤 공격도 목자를 먼저 고려해야 한다. 이처럼 하나님은 지금 앞에 계시다. 하나님은 우리의 내일에 계시다. 인간을 두렵게 하는 건 내일이다. 그러나 하나님은 이미 거기에 계시다. 우리 삶의 모든 내일은 우리에게 오기 전에 하나님을 지나와야 한다."[9]

마이어의 말뜻을 이해했는가? 하나님은 이미 나의 내일에 계신다. 로빈의 내일에도, 당신의 내일에도 계신다. 그것이 바로 하나님께 우리의 염려와 미래에 일어날지 모르는 무거운 짐을 맡길 수 있는 이유다. 우리는 하나님의 든든한 어깨에 짐을 내려놓아도 좋다. 하나님은 우리보다 훨씬 더 잘 해결하신다. 우리가 내일 일을 염려하지 않는다면, 오늘 동안 하나님을 신뢰하는 일에 집중할 수 있다.

### 염려로부터의 자유는 과정이다

과거에 어부였던 사도 베드로는 내가 만족으로의 여행을 떠날 수 있도록 용기를 주었다. 베드로는 우리가 겸손히 모든 것을 전능하신 주님께 맡기고, 모든 염려를 그분의 강한 팔 안에 내던져야 한다고 가르쳐주었다. 하지만 바로 이렇게 말하는 베드로도 사실 염려하는 사람이었다.

처음의 베드로는 '충동적이고 염려가 많은 사람'이었다는 생각이 든다. 베드로는 예수님께 가려고 물위를 걷다가 두려움에 붙잡혀 가라앉아버렸다(마 14:30). 베드로는 누가 예수님을 배신할지에 대해서도 염려했다. 심지어 예수님이 고난을 당하실지 모른다는 염려로 예수님께 항의하기도 했다. 하지만 그렇게 염려가 많던 베드로가 베드로전서에서 염려를 주님께 던져버리라고 말하고 있다. 그렇게 되기까지 베드로에게는 거쳐야 할 과정이 있었고, 우리도 마찬가지다.

이 과정은 이럴 때 시작한다.

1. 염려가 죄임을 인정하고 하나님께 염려를 솔직히 고백할 때
2. 하나님의 주권에 굴복할 때. 하나님이 당신이 염려하는 모든 문제에 대한 복되신 통치자이심을 감사히 여길 때
3. 염려를 하나님께 던지기로 결심할 때
4. 내일을 하나님께 맡기고 오늘을 살기로 결심할 때

## 내 이름을 '염려 없는 자'로 바꾸소서

아마도 티테디오스 아메림노스(Titedios Amerimnos)에 대해 들어본 적은 없을 것이다. 그는 내가 닮으려고 애쓰는 사람이다. 그의 이름은 초대 교회 시대의 헬라어 자료에서 발견된다. '티테디오스'는 그에게 주어진 고유한 이름이지만, 두 번째 이름인 '아메림노스'는 헬라어로 '아니다'라는 접두어와 '염려'라는 단어로 구성되어 있다. 즉 그의 두 번째 이름은 '위대한 알렉산더(Alexander the Great)'나 '의인 제임스(James the Just)' 등과 같이 그를 묘사하는 별명이다. 티테디오스가 크리스천인이 되었을 때 그는 아마도 염려가 많은 사람이었던 것 같다. 그래서 그는 '티테디오스, 염려 없는 자'라는 이름을 지은 것 같다.[10]

나는 내 이름이 '린다, 염려 없는 자'가 되기를 간절히 바란다. 그 사람이 누구'인가'보다는 누가 '되어가고 있는가'가 더 중요하다. 왜냐하면 오늘 '되어가는' 모습이 내일의 모습이 될 것이기 때문이다! 나는 내 스스로 통제하기 좋아하고 쉽게 염려에 빠지는 사람이다. 하나님은 그런 나를 바꾸셔서 하나님을 신뢰하고 불안해 하지 않기로 결단하는 사람으로 만들고 계신다. 그렇다면 하나님은 당신에게도 똑같이 하실 수 있다. 하나님이 우리 이름을 바꾸어주시기를 기도하자!

 만족의 사람 | 달리아

폴은 분명 좋은 결혼 상대였다. 잘생긴 외모, 명석한 두뇌, 근육질 몸매를 갖춘 그는 꽤 많은 후보군에서 마음에 드는 여자를 선택할 수 있었다. 그러나 그는 달리아를 신부로 선택했다. 그들의 소망은 함께 그리스도를 섬기며 사는 것이었다. 미래에 어떤 일이 일어날지, 달리아는 전혀 상상도 못했다.

폴은 젊은 나이였음에도 달변의 연설가였고 존경받는 기독교 지도자였다. 문제는 폴과 달리아가 공산주의 정권 아래 사는 루마니아인이었다는 것이다. 그리스도인들은 폴을 존경했지만, 루마니아 비밀경찰은 그를 파멸시키려고 벼르고 있었다.

폴은 여러 번 경찰서로 소환되어 심문을 받았다. 가택 수색과 계속되는 수사는 젊은 부부를 소진시켰다. 달리아는 폴, 자녀, 그리고 자신의 앞날에 대해 두려움을 느꼈다. 그러던 어느 날, 그녀가 두려워하던 일이 현실이 되고 말았다.

폭풍우가 심한 날이었다. 폴은 집에 비 피해를 대비해 점검차 집 주변을 돌다가, 피복이 벗겨진 전선이 그의 집 녹슨 수도 배관에 감겨 있는 걸 발견했다. 발견하지 못했다면 집에 불이 나거나 누군가는 감전되었을 것이다. 급박한 위기의 상황에서 벗어날 수 있었던 건 오직 하나님의 도우심이라는 생각이 들었다. 폴에게서 이 사실을 들은 달리아는 두려움에 몸이 마비되는 것 같았다. "그들은 어떤 상황에서도 그만두지 않을 거예요! 다음엔 무슨 일을 당할까 두려워하면서 어떻게 하루하루 살아야 하나요?" 달리아는 하나님께 부르짖었다.

그 일이 있고 몇달 후, 나는 달리아와 폴과 함께했던 어느 특별한 날을 기억한다. 폴의 집에 초대되어 저녁식사를 마칠 무렵, 한 남자가 뛰어들어왔다. "비밀경찰이 호텔에 와서 린다 딜로우를 찾고 있어요! 조디, 당신과 린다는 그곳에 돌아가선 안 돼요. 호텔 열쇠를 내게 주세요. 우리가 당신들 짐을 챙겨 오겠습니다. 당신들은 가능한 빨리 국경을 넘어가야 합니다. 서두르세요!"

조디와 내가 서둘러 방을 나가려 할 때, 달리아가 내 손을 잡고 평온한 미소를 지었다. "린다, 너무 두려워 마세요. 우리 같은 사람들에게 이런 괴로움, 두려움, 심문은 삶의 일부죠. 대신 하나님을 신뢰할 수 있다는 게 얼마나 다행이에요! 전능하신 그분은 충분히 우리의 신뢰를 받으실 만한 분이에요." 달리아는 믿음의 사람이었다.

# 9
## 믿음: 모든 것의 기초

 지금까지의 여정을 돌아보는 것이 좋겠다. 우리의 여정은 1장에서 시작되었다. 1장에서는 만족이란 누구에게나 열려 있는 영혼의 충만감이자 환경을 초월한 평온임을 살펴보았다. 2장부터 5장까지는 하나님이 우리에게 바라시는 만족의 영역들, 즉 우리의 환경, 존재, 역할, 관계에 대해 차례대로 살펴보았다. 6장에서 8장까지는 만족을 방해하는 세 가지 장애물인 욕심, 잘못된 관점, 염려를 점검했다. 이제 우리는 다리에 도착했다. 사납게 흐르는 불만족의 강 위에 놓인 이 다리는 만족이 충만한 새 땅으로 우리를 인도한다. 이 다리는 '믿음'이라 불린다.

 믿음은 우리를 환경 너머로 올려준다. 믿음은 삶이 이해되지 않을 때 만족할 수 있는 힘을 준다. 믿음은 미래와 과거에 대한 염려가 공격해올 때 우리를 든든히 보호해 주는 요새다.

믿음은 하나님과의 관계에서뿐만 아니라 우리의 만족에서도 필수적이다. 하지만, 정말이지 믿음이란 뭘까? 함께 성경공부를 하던 모임에서 사람들은 이렇게 대답했다.

- 믿음이란, 내 감정이 다르게 말하는 때도 하나님은 그분의 말씀을 지키신다는 것을 믿는 것이다.
- 믿음이란, (느끼거나 만질 수는 없지만) 진리라고 아는 것을 확신하는 것이다.
- 믿음이란, 완성품을 볼 수 없는 상황에서 그림(퍼즐)의 일부를 완성해 가는 것이다.

당신이라면 믿음을 어떻게 정의하겠는가? 당신만의 정의를 내려보면 어떨까? 쉬운 일은 아니다. 믿음은 광대한 개념이기 때문에 언어로 제한시킬 수 없다. 그럼에도 히브리서 기자는 훌륭하게 정의하기를, "믿음은 바라는 것들의 실상(assurance, 보증)이요 보이지 않는 것들의 증거(conviction, 확신)"(히 11:1)라고 했다.

이 말은 뭔가 고상하게 들린다. 하지만 이 말의 참 뜻은 뭘까? 바라는 것들의 보증이란 뭘까? 우리는 뭔가 특별한 걸 바라야 하는 걸까? 아니면 그저 갖고 싶은 걸 바라도 되는 걸까? 어떻게 볼 수 없는 것들을 확신할 수 있을까? 확신해야 할 것들 중에 볼 수 없는 것은 뭘까?

이 질문에 대답하려면, 우선 '확신'이란 단어가 믿음과 같이 쓰일 때 무엇을 의미하는지 이해해야 한다. 학자들은 헬라어로 쓰인 수많은 편지와 자료들을 살펴보았다. 이 '확신'이라는 단어는 여러 군데에서 등장했다. 이것은 문자적으로는 '권리 증서'로 번역된다. 권리 증서란 우리가 소유한 어떤 것을 확인해 주는 문서다. 조디와 나는 새로 산 집에 대한 권리 증서를 가지고 있다. 이 증서는 우리가 그것을 소유한다는 사실, 즉 (우리가 매월 융자금을 갚아 가는 한!) 그것이 우리 것임을 말해 준다. 마찬가지로, 믿음이란 우리가 소유한 것을 확인해 준다. 즉 믿음으로 말미암아 그것은 우리 것이 된다. 이것은 단순히 지적으로 믿는 것 이상을 말한다. 그것은 전인적인 특성이 있다. 믿음이란 멀리 떨어져 있으면서 정말 그럴 거라 추론하는 게 아니라, 마음과 뜻과 생각을 담아 스스로를 내맡기는 것이다.

이 점을 잘 이해하도록 돕는 익숙한 예화가 있다. 당신은 사람들과 함께 나이아가라 폭포 꼭대기에 서 있다. 폭포 위에는 밧줄이 길게 놓여 있고, 밧줄 위에는 한 남자가 외바퀴 수레를 밀고 있다. 수레 안에는 90킬로그램짜리 세인트 버나드 개가 있다. 그 남자가 폭포 위에서 개와 외바퀴 수레를 안전하게 밀고 당기는 동안 당신은 감탄하며 바라본다.

다섯 번 왕복하는 데 성공한 후, 그 남자는 사람들을 향해 말한다. "이 수레에 사람을 싣고도 이동할 수 있습니다. 믿으십니까?" 당신은 '물론이지! 사람이라면 저 거대한 개보다는 가벼울 것이고 그다지 꿈틀대지도 않을 테니 말야'라고 생각할 것이다.

당신이 고개를 끄덕이고 있을 때, 그가 몸을 돌려 당신을 가리킨다. 그러고는 "타십시오"라고 말한다.

누군가에게 능력이 있다고 믿는 것과 실제로 그를 의지하고 신뢰하는 것은 별개의 문제다. 지적인 믿음과 전인적인 믿음의 차이가 이것이다.

외바퀴 수레에 기어오르려면 무엇이 필요할까? 당신이 수레에서 떨어지지 않으리라는 확신과 밧줄이 안전하리라는 확신이 필요할 것이다. 또한 당신을 밀어주는 그 남자가 신뢰할 만하고, 당신을 건너게 해줄 능력과 위험에서 보호해 주려는 의지를 갖추었다면 더욱 좋을 것이다. 그럼에도 불구하고 수레에 오르는 데는 전인적인 믿음이 요구된다.

하나님이 당신과 나에게 요구하시는 것은 '맹목적인' 믿음이 아니다. '자신을 포기하는' 믿음이다. 하나님을 전 인격적으로 신뢰하는 믿음이다. 하나님은 성경 말씀을 통하여 하나님이 누구신지, 하나님의 뜻이 무엇인지, 하나님이 우리에게 무엇을 요구하시는지를 계시하셨다. 우리가 하나님을 알면 알수록, 하나님은 "나를 믿으라"고 강권하신다. 하나님은 성경에서 수백 번 넘게 믿으라고 간청하신다. 지식으로만 아는 것은 믿음이 아니다. 하나님을 지식으로만 배워온 우리에게 믿음은 회색의 영역일지 모르지만, 하나님은 이 문제를 흑백의 영역으로 보신다. 우리는 하나님을 믿는다고 말하면서 전적으로 의탁하는 일에 망설이지만, 하나님은 우리가 하나님을 믿든지, 믿지 않든지 둘 중 하나로만 보신다. 하나님을 인정하든지, 거절하든지 둘 중 하나다. 수레 안에 있든지, 폭포 밖에 있든지 둘 중 하나다.

참된 믿음에 대해 생각하다 보면 두 가지가 떠오른다.

- 믿음은 하나님의 성품에 기초한다.
- 믿음은 우리의 감정이 아닌, 하나님의 말씀에 기초한다.

이제 위의 두 가지를 하나씩 살펴보기로 하자.

### 믿음은 하나님의 성품에 기초한다

믿음의 내용은 중요하지 않고 믿음 그 자체가 중요하다고 생각하는 사람들이 있다. 30년 전, 나는 한 대학생과 이상한 대화를 나눈 적이 있다.

"무엇을 믿는가는 중요하지 않아." 제니가 말했다.

"무슨 뜻인지 설명해줘." 나는 되물으며 말을 이었다. "너는 뭘 믿니?"

"오, 뭐든. 지금은 우리 집 뒷마당에 있는 큰 바위를 믿고 있어."

"잠깐, 큰 바위가 너를 도와줘?"

"물론이야. 내가 강하게 믿기만 한다면, 바위가 날 도와줄 거라고 믿기만 한다면, 그렇게 되지. 큰 바위 앞에 서서 눈을 감고 바위가 내게 힘을 줄 거라고 믿는 거지."

나는 제니에게 믿음의 핵심은 믿음의 대상이라고 설명했다. 하나님은 신뢰할 만한 믿음의 대상이지만, 제니는 바위를 믿길 원했다. 바위를 믿는 건 편리하다. 바위는 아무것도 기대하지 않고 아무것도 요구하지 않는다. 바위를 믿는 사람에게 '신자'로서 복종도 요구하지 않는다. 나는 제니가 속고 있다는 것과 제니가 믿는 '큰 바위'는 죄를 용서하거나, 영생을 주거나, 불안한 마음을 평온케 하지도 못한다는 걸 알기 때문에 그 대화를 그만두었다. 오직 하나님만이 그 일을 하실 수 있다. 성경은 이렇게 말한다.

> 여호와는 나의 반석이시요 나의 요새시요 나를 건지시는 이시요 나의 하나님이시요 내가 그 안에 피할 나의 바위시요 나의 방패시요 나의 구원의 뿔이시요 나의 산성이시로다(시 18:2).

하나님께서 우리의 믿음의 대상이 되시는 것은 하나님의 놀라운 성품 때문이다. 인도 선교사 에이미 카마이클은 "하나님을 신뢰하는 능력은 하나님의 성품에 대한 확신에서 비롯된다"고 말했다. 다음은 그녀가 믿었던 것들이다.

- 하나님은 언제나 사랑이 많으신 우리 아버지이시다.
- 하나님은 선하시다. 하나님이 우리 삶에 허락하신 모든 것이 우리를 위한 것이다.

그녀는 어린아이와 같이 하나님께 자신을 맡겼다. 하나님이 그녀로 하여금 모든 난관을 극복케 하실 것을 믿었기 때문이다.[1]
하나님의 성품에 대한 확신 덕분에 에이미는 하나님을 전적으로 신뢰할 수 있었다. 하나님의 성품에 대한 확신이 있으면, 하나님의 돌보시는 품 안에 우리를 내던질 수 있다. 외바퀴 수레를 미는 분에 대해 확신하는 바가 없다면, 어떻게 외바퀴 수레에 올라탈 수 있겠는가? 우리가 의탁할 분이 만물의 통치자이시고 지혜로우시며 우리를 깊이 사랑하신다는 것을 확신한다면, 수레에 오르기가 얼마나 쉬워지겠는가?

### 하나님은 통치하신다

하나님이 만물의 복되신 통치자(딤전 6:15)이심을 기억하라. 땅과 거기에 충만한 것과 세계와 그 가운데 사는 자들을 다 여호와 하나님이 소유하고 계신다(시 24:1). 하나님은 우리가 삶에서 통제불가능하다고 생각하는 모든 것을 다스리신다. 우리가 볼 수 없는 것, 우리에게는 불가사의한 것, 우리가 이해하지 못하는 것 등을 말이다. 하나님은 작은 참새 하나까지 돌보시고 우리의 머리털까지 세신다. "참새 두 마리가 한 앗사리온에 팔리지 않느냐? 그러나 너희 아버지께서 허락하지 아니하시면 그 하나도 땅에 떨어지지 아니하리라. 너희에게는 머리털까지 다 세신 바 되었나니"(마 10:29-30). 하나님이 우리의 머리털까지 다 세신다면, 그분은 우리 삶의 모든 문제까지 아실 게 분명하다.

하나님이 정하신 바는 우리를 위하고 우리에게 좋은 것이다(엡 1:11, 롬 8:28). 큰 시련과 회의 속에서도 욥은 "주께서는 못 하실 일이 없사오며 무슨 계획이든지 못 이루실 것이 없는 줄 아오니"(욥 42:2)라고 단호하게 말했다.

만약 이 구절들이 진리라면(정녕 진리다!), 어떤 어려움이나 고통이나 시련도 우리에게 우연히 일어나는 법은 없다. 예기치 못한 사고도, 실수도, 계산착오도 없다. 모두가 하나님의 주권적인 통치 아래 있다. 하나님이 정하신 일들만 허락된다. 게다가 하나님이 정하신 일들은 우리의 선과 하나님의 영광을 위한 것이다. 하나님의 절대 주권이란, 내가 추호의 의심이나 두려움 없이 하나님을 신뢰할 수 있다는 뜻이다.

하나님이 통치하신다는 사실을 알면 더 쉽게 하나님을 믿게 된다. 하나님이 지혜로우시다는 사실도 도움이 된다.

하나님은 지혜로우시다

성경에서 '지혜'로 번역된 히브리어는 또다르게 '공교한 기술, 유능함, 재능'을 뜻하기도 한다. 하나님께 적용하자면, 하나님은 모든 상황에서 우리를 지도하시는 데 필요한 능력이 있으시다는 뜻이다. 만약 열이 나고 몸이 아프다면, 의사와 자동차 정비사 중에 누구에게 가겠는가? 당연히 의사다. 그에게 능력이 있기 때문이다. 그에게는 환자를 치료할 의료지식과 의료장비가 있다. 하나님은 위대한 의사시다. 하나님은 여호와 라파, 치료자시다. 하나님은 모태에서 우리를 조직하시고 우리의 장부를 지으신(시 139:13) 전능하신 창조주시다. 하나님은 우리의 모든 것을 아신다. 온 세계에 대한 계획뿐만 아니라 우리의 삶에 대한 계획까지 구성하실 능력이 있으시다.

솔로몬은 "여호와께서는 지혜로 땅에 터를 놓으셨으며 명철로 하늘을 견고히 세우셨고"(잠 3:19)라고 말한다. 그러므로 우리는 하나님을 신뢰할 수 있다. 우리에게 일어나는 모든 일이 무한히 지혜로우신 분의 생각에서 나왔다는 것을 알기 때문이다. 또한 모든 일이 궁극적으로 우리의 선과 하나님의 영광을 위한 것임을 알기 때문이다.

### 하나님은 사랑이시다

맹세컨대, 하나님은 사랑이시다. 하지만 우리가 하나님과 동행하면서 개인적으로 사랑을 체득하기까지 그 사랑은 참이 아니다. 하나님은 우리를 향한 사랑의 증거로 자신의 생명을 주셨다. 우리는 하나님의 자녀다. 하나님은 자녀인 우리를 위해서라면 뭐든 하실 것이다. 하나님이 우리를 사랑하신다는 사실을 확신할 때, 하나님에 대한 믿음을 갖기란 더 쉬워진다!

> … 너희가 사랑 가운데서 뿌리가 박히고 터가 굳어져서, 능히 모든 성도와 함께 지식에 넘치는 그리스도의 사랑을 알고, 그 너비와 길이와 높이와 깊이가 어떠함을 깨달아 하나님의 모든 충만하신 것으로 너희에게 충만하게 하시기를 구하노라(엡 3:17-19).

예레미야 31장 3절은 하나님이 무궁한 사랑으로 우리를 사랑하신다고 말한다. 하나님이 우리 앞서 가겠다고, 우리와 함께 하겠다고, 결단코 우리를 버리지도 떠나지도 않겠다고 약속하신다(히 13:5). 하나님은 로마서 8장 38-39절에서 어떤 것도, 즉 사망이나 생명이나 천사들이나 권세자들이나 … 다른 어떤 피조물이라도 우리를 우리

주 그리스도 예수 안에 있는 하나님의 사랑에서 끊을 수 없다고 말씀하신다.

하나님이 당신을 사랑하심을 믿는가? "믿고 싶어요. 하지만, 하나님을 볼 수가 없잖아요. 내가 어떻게 나를 향한 하나님의 사랑이 실재한다는 걸 알 수 있죠?"라고 말할 수도 있다. 믿음은 이렇게 생긴다. 하나님의 성품을 믿으라. 하나님이 통치하신다는 사실을 붙잡으라. 우리를 향한 하나님의 감정과 뜻과 의지는 사랑이다. 이를 하나님은 진정성 있는 약속으로 우리에게 말씀하신다.

### 믿음은 하나님의 말씀에 기초한다

잠시 동안, 우리의 운반 수단을 외바퀴 수레에서 기차로 바꾸어보자. 나이아가라 폭포 위에 다리를 그려보자. 여기에서도 다리는 믿음을 가리킨다. 다리 위에 엔진실과 연료차와 객실이 달린 기차가 있다. 엔진실은 하나님의 말씀의 진실성을, 연료차는 우리의 믿음을, 그리고 객실은 우리의 감정을 상징한다.

객실로 기차를 움직이려는 것은 노력낭비다. 마찬가지로 우리는 감정을 의지해선 안 된다. 하나님의 성품과 약속의 말씀을 믿어야 한다.

"천지는 없어질지언정 내 말은 없어지지 아니하리라"(마 24:35). "오직 주의 말씀은 세세토록 있도다 하였으니 너희에게 전한 복음이 곧

이 말씀이니라"(벧전 1:25). 이 말씀들을 통해, 인생의 모든 것은 변하지만 하나님의 말씀은 여전함을 깨닫는다. 나는 하나님을 그분의 말씀대로 받아들임으로써 믿음의 삶을 살 수 있다. 비록 나의 감정이 강력할지라도,

- 하나님의 말씀은 내가 보는 어떤 것보다 진실되다.
- 하나님의 말씀은 내가 느끼는 어떤 것보다 진실되다.
- 하나님의 말씀은 내가 둘러싸인 어떤 환경보다 진실되다.[2]

그렇다면 나는 어떻게 하나님의 말씀을 사실 그대로 신뢰하며 믿음의 걸음을 내딛을 수 있을까? 하나님의 말씀은 "하나님을 사랑하는 자 곧 그의 뜻대로 부르심을 입은 자들에게는 모든 것이 합력하여 선을 이루느니라…그 아들의 형상을 본받게 하기 위하여 미리 정하셨[다]…(롬 8:28-29)"고 선포한다. 하나님은 이렇게 선포하시지만, 내게 일어나는 '모든 일'은 그다지 선해 보이지 않는다. 분명 선하게 '느껴지지' 않는다. 그렇지만 내가 볼 수 있는 것이나 느끼는 것과는 무관하게, 나는 객실이 아닌 엔진실에 연료를 공급하기로 '믿음으로' 결단하는 것이다. 이렇게 해보는 것이다.

하나님, 당신은 나의 감정이 엉클어져 있음을 아시죠. 이 상황이 끔찍하다고, 희망이 없다고 비명을 질러대고 있어요. 하나님, 당신 안에만 소망이 있습니다. 주님이 무엇을 하시는지 알 수 없지만, 이 상황을 선

하게 사용하실 것을 믿습니다. 비록 오늘은 선하게 보이지 않지만, 내 눈을 당신께 고정시킬 수 있는 힘을 주세요. 내가 볼 수 있는 것, 느낄 수 있는 것에 초점을 맞추지 않게 해주세요.

히브리서의 11장에 등장하는 믿음의 선조들은 모두 하나님을 그분의 말씀대로 받아들였고 '믿음으로' 그 걸음을 내딛었다. 한 가지만 살펴보자. 정말이지 노아는 당신과 나와 다를 바 없는 사람이었다. 분명 그에게도 기차를 거꾸로 달리게 하고 싶은 적이 무수히 많았으리라!

> 믿음으로 노아는 아직 보이지 않는 일에 경고하심을 받아 경외함으로 방주를 준비하여 그 집을 구원하였으니 이로 말미암아 세상을 정죄하고 믿음을 따르는 의의 상속자가 되었느니라(히 11:7).

노아는 앞으로 얼마나 될지 모르는 세월 동안 자신의 모든 시간과 노력과 재정을 들여 큰 배를 짓기로 결심했다. 하나님이 홍수가 있을 것이라고 말씀하셨기 때문이다. 그 일이 정말 나에게 일어났다면 나는 어떻게 반응했을까? 미래를 볼 수 없는 상황에서 하나님을 신뢰하는 것에 대해 얘기해 보라! 믿음으로 사는 삶이 노아에게 어떤 희생을 요구했겠는가?

- 삶의 남은 시간을 미지의 것을 위해 전력하는 것

- 마을 사람들의 비웃음을 듣는 것. "이봐, 자네 정신이 나갔나? 여태 배를 만들고 있나?"
- 사회에서 유일한 존재로 살면서 외로움을 겪는 것

모든 경우에 노아는 결과를 알 수 없었다. 나는 그의 감정이 자신에게 거대한 시험거리였으리라 확신한다. 우리의 감정이 그렇듯이 말이다. 우리 역시 살면서 감정대로 살도록, 사소한 충동과 감상에도 굴복하도록 길들여진다. 우리는 크리스천으로, 사회에 만연한 '느낌이 좋으면, 해본다'는 철학을 거부해야 한다. 이런 철학은 우리 영혼에 스며들고 있다. 실용주의 세상은 눈으로 볼 수 있는 것만 믿으라고 우리를 길들인다. 좋은 느낌을 준다면 기꺼이 믿으라고 우리를 쇄뇌시킨다.

문제점: 감정대로 사는 것

우리는 우리가 볼 수 있는 것과 느낄 수 있는 것에 의지하며 산다.
그 결과는? 불안한 마음이다.

해결책: 믿음으로 사는 것

우리는 볼 수 없는 것에 대해 하나님을 신뢰함으로 산다.
그 결과는? 평안한 마음이다.

무엇을 보고 있는가? 주님인가, 문제인가? 무엇을 신뢰하고 있는가? 하나님의 말씀의 진실성인가, 환경인가? 이는 지금까지 말해온 신정한 만족을 얻기 위해 반드시 자문해 봐야 할 질문들이다.

믿음은 하나님을 바라보지만, 감정은 우리 주변에 무엇이 있는가를 바라본다. 믿음은 하나님의 성품과 하나님의 약속의 말씀에 소망을 둔다.

이것이 노아가 믿음으로 살아냈던 방법이다. 노아는 하나님의 말씀을 그대로 받아들였다. 오랜 세월 방주를 짓는 것이 이치에 맞지 않았어도, 믿음이 실현되기까지 한 세기가 흘렀을지라도 말이다. 하나님은 노아의 믿음을 칭찬하셨고 그를 가리켜 '의의 후사'라 부르셨다. 하나님은 성경의 모든 사람 중에 그를 택하셔서 하나님께 순종하고 믿음으로 산 사람의 모범으로 삼으셨다.

노아는 하나님의 말씀을 단순히 지식적으로만 받아들인 게 아니었다. 노아는 '믿음의 발걸음'을 내딛었고 못질을 시작했다. 못을 박을 때마다 그는 "하나님, 당신을 믿습니다"라고 확신했다. 참된 믿음은 언제나 활동적이다. 오스왈드 챔버스는 믿음을 '하나님에 대한 자기포기의 신뢰'[3]라고 말했다. 노아가 백 년 이상 쉬지 않고 못질을 하기 위해서는 이것이 반드시 필요했다.

믿음으로 걷는다는 건 어려운 일이다. 볼 수 없는 것을 믿으라고 하는 것이기 때문이다. 이 말은 우리가 어두운 길을 걸어야 할 때도 있음을 의미한다.

## 믿음의 걸음

나는 사람들에게 믿음을 정의해 달라고 부탁했다. '어두운 길에서 한 번에 한 걸음씩 내딛는 것'이라는 대답이 나왔다. 나는 생각했다. '정말 맞는 말이야. 하지만 어둠 속을 걷는다는 게 얼마나 어려운 일인지!'

> 너희 중에 여호와를 경외하며 그의 종의 목소리를 청종하는 자가 누구냐? 흑암 중에 행하여 빛이 없는 자라도 여호와의 이름을 의뢰하며 자기 하나님께 의지할지어다(사 50:10).

하나님이 하시는 일을 내가 볼 수 있다면, 하나님이 모든 것을 합력하여 어떻게 선을 이루시는지를 볼 수 있다면, 그렇다면 내게는 믿음이 필요 없을 것이다. 보는 것은 "이것이 내게 좋은 것이니까 하나님이 내게 보내신 게 확실해"라고 말하는 반면, 믿음은 "하나님이 이것을 내게 보내셨으니까 이것이 내게 좋은 게 틀림없어"라고 선언한다. 하나님은 보는 것이 아닌 믿음으로 걸으라고 하신다. 믿음은 하나님의 손을 붙잡고 하나님과 함께 어둠 속을 걷는 것이다.

하나님은 우리에게서 시련을 면제해 주지 않으신다. 대신 하나님은 "시련 중에도 너와 함께 하겠다"고 말씀하신다. 출애굽기에서 이스라엘 자손은 홍해 앞에서 밤을 보냈다. 그들이 나아가야 할 길 앞에는 죽음과도 같은 바다가 가로막은 채였다. 하나님의 백성과 애굽인들 사이는 불기둥을 제외하면 칠흑같이 어두운 밤이 있을 뿐이었다. 그 두려움을 상상할 수 있겠는가? 적들의 다가오는 위협이 어둠을 뚫고 들려왔다. 여명이 밝아올 때까지 이스라엘 자손은 무엇을 했겠는가? 엄마들은 그 밤이 마지막 밤일지 모른다는 두려움으로 아이들을 끌어안았을 것이다.

그들을 기다리고 있는 기적을 그 누가 상상할 수 있었겠는가? 짤막한 구절이 본문에 감추어져 있다. "여호와께서 큰 동풍이 밤새도록 바닷물을 물러가게 하시니"(출 14:21). 그들이 두려움에 떨고 있는 동안, '밤새도록' 기적이 일어났다. 밤이었기 때문에 그들은 하나님의 '동풍'이 그들 편에서 일하고 있는 것을 '볼 수' 없었다. 그리고 하나님은 홍해를 가르셨다. 그들은 마른 땅을 지나 자유를 향해 걸어갔다.

당신의 삶이 어둠으로 가득해서 아무것도 보지 못할 수 있다. 하지만 하나님은 일하고 계신다. 이스라엘 자손을 위해 '밤새도록' 일하셨던 것처럼 말이다. 다음날이 되자 하나님이 밤새도록 하셨던 일이 밝히 드러났다.[4] 친구여, 하나님이 당신 인생의 밤중에도 일하고 계시다는 걸 잊지 말라.

벨기에 브뤼셀은 정교하고 화려한 레이스(lace)로 유명하다. 그곳의 유명한 레이스 가게에 가면 가장 세밀하고 우아한 무늬를 짜는 방이 따로 있다. 이 방들은 작은 창문에서 새어나와 무늬 위로 직접 떨어지는 빛을 제외하고는 하나 같이 어둡다. 어두운 방에 오직 한 사람만이 앉아 있다. 그는 좁은 광선이 떨어지는 그 자리에서 레이스를 짠다. 레이스는 언제나 일꾼이 어둠 속에 혼자 있을 때, 그리고 무늬가

빛에 비취었을 때 더욱 정교하고 아름답게 짜여진다.[5]

하나님이 우리 삶에 무늬를 짜 넣으실 때, 우리는 종종 '어두운 방'에 앉아 있게 된다. 어둠은 우리를 숨막히게 하는 것 같다. 하나님이 하고 계신 일을 이해할 수 없고, 어둠 속에서 어떤 선함도 발견할 수 없다. 하지만 신실하신 직공에게 나의 초점을 맞춘다면, 인생의 가장 훌륭한 작품은 어두움의 시절에 만들어진 것임을 언젠가는 알게 될 것이다. 내 인생을 되돌아볼 때, 하나님과 가장 친밀했던 때는 나의 가장 어두운 시기였다. 먹구름이 몰려올 때 하나님이 내 마음에 깨우치신 교훈이 불안한 내 마음을 평안케 하셨다.

그렇다. 믿음을 지키기란 어렵다. 하지만 우리의 믿음은 거룩하신 하나님을 기쁘시게 해드린다(히 11:6). 우리는 혼자 그 길을 걷는 게 아니다. 지혜로우시고 통치하시고 사랑이 많으신 주님이 우리와 함께하신다. 하나님께서 당신에게는 어디를 향해 '믿음으로' 걸으라고 하셨는가? 병중에서도, 자녀들에게도, 재정 위기에서도, 배우자 문제에서도, 혹은 배우자가 없을 때에라도? 하나님의 말씀의 진실성을 믿는가? 아니면 볼 수 있는 것만 믿는가? 어디를 바라보는가? 이 질문들에 대한 대답에 따라 당신의 마음이 불안할지 평안할지가 판가름 날 것이다.

거룩하신 아버지, 저는 너무나 약합니다. 당신을 신뢰하고 싶지만, 당신이 하시는 일을 볼 수 없는 상황에서 '믿음으로' 걷는다는 것은 너무 어렵습니다. 주님은 나의 반석입니다. 당신만을 바라보길 갈망합니다.

내가 이해하지 못하는 것에 대해서도, 내가 볼 수 없는 것에 대해서도, 내 상식을 초월하는 일에 대해서도 당신을 믿기 원합니다. '나의 믿음'에 첫 걸음을 내딛도록 성령의 능력을 주십시오. 오직 당신의 선하심을 따라, 당신의 신실하심을 따라, 그리고 당신의 약속의 말씀에 근거해 믿음으로 살게 하십시오. 나를 믿음으로 걷게 하사, 당신을 기쁘시게 하는 사람이 되게 하여 주십시오.

 **만족의 사람 | 일디코**

동유럽에 가는 첫 여행을 준비하며 나는 긴장했다. 그곳 사람들과 제대로 소통할 수 있을까? 통역을 맡아줄 일디코를 만났을 때야 비로소 마음이 놓였다. 앞에서도 말했지만, 전 세계 어딜 가나 여성들은 비슷하다. 이 사랑스런 헝가리 여성들도 미국에서 했던 똑같은 농담에 웃고 똑같은 이야기에 눈물을 흘렸다. 옆에 일디코를 두고 가르친다는 게 얼마나 큰 기쁨이었는지!

몇 년 후 일디코와 나는 친구가 되었고, 나는 그녀의 가족들을 자세히 지켜볼 수 있는 기회를 얻었다. 일디코와 남편 게자는 자유를 부인하고 사람들을 조종하려는 전체주의 정부와 매일 씨름했다. 그들의 기독교 신앙은 인생에서 가장 중요한 부분이었다. 그들은 믿음대로 살았고 그리스도의 복음을 전하며 살았다. 네 살배기 꼬마 줄리아도 친구들에게 예수님을 전했다.

마트라 산맥에서 여름휴가를 즐기던 어느 날, 네 살배기 줄리아가 한 노부인에게 물었다. "예수님을 아세요? 할머니는 천국에 가시나요?" 그 여인은 깜짝 놀라 "누가 이런 것들을 가르쳐줬니?"라고 말을 더듬었다. 대학에서 마르크스주의와 레닌주의를 가르치는 교수였던 그녀는 꼬마아이가 '어리석은 신화'를 배웠다는 사실에 기겁했다. 줄리아의 거침없는 얘기를 옆에서 듣고 있던 일디코의 마음에 두려움이 일었다. 만약 저 교수가 당국에 신고하면 어떡하지?

두려움은 계속 엄습했다. 남편 게자가 대학 연구실에서 담대하게 신앙을 선포했던 때도 그랬다. 당시 그들이 생각했던 최악의 '만약'은 현실화 되었고, 게자에게는 교수 대신 경비원 업무가 주어졌다.

그런 만약의 상황들이 일디코에게 홍수처럼 밀려들었다. 자기마저 직업을 잃으면 어떻게 하지? 가족들의 필수품을 살 만한 돈이 충분치 않을 텐데? 그녀는 자기 신앙에 대해 침묵하기로 결심했다.

몇 주가 지났다. 일디코는 하나님보다 사람을 더 두려워하고 가족의 재정 문제에 대해 하나님을 신뢰하지 않았다는 사실이 부끄러웠다. 그래서 하나님께 용서를 구했다. "사랑하는 하나님, 당신이 나의 주인이심을 고백할 수 있는 기회를 주소서." 며칠 후, 하나님은 그 기회를 주셨다.

그 결과 그녀의 직장 역시 바뀌었지만 일디코는 기뻤다. 그녀는 하나님을 신뢰했고 '만약의 상황'을 믿음으로 정복했다.

# 10
## 앞으로 닥칠 일에 대해 하나님 신뢰하기

영혼에도 질병이 있다는 걸 아는가? 가장 치명적인 두 가지가 '만약'(If)이라는 질병이다. '만약 …하게 되면'(What If)과 '만약 …했더라면'(If Only)이다. 이 두 가지 질병은 쌍둥이다. 닮긴 했지만 똑같진 않다. 둘 다 믿음의 눈이 없다. '만약 …하게 되면'은 미래를 바라보면서 하나님이 앞으로 허용하실 것을 염려한다. '만약 …했더라면'은 과거를 바라보면서 하나님이 이미 주신 것을 불평한다. 전자는 염려를 낳고, 후자는 우울과 분노를 낳는다.

달린은 자녀를 갖고 싶었다. 몇 년의 기다림 끝에 푸른 눈을 가진 금발의 딸, 앰버가 태어났다. 앰버는 완벽한 아기였다. 잠도 잘 자고 방긋방긋 웃었다. 보채는 일 없이 항상 순했다. 앰버는 '아기천사'로 불렸다.

달린은 사랑스런 앰버가 또래의 다른 아기들보다 뭔가 조금씩 늦는다는 생각이 들었다. 시간이 지날수록 아기천사는 마치 자기만의 천국에서 사는 듯했다. 길고 괴로운 검사 끝에 앰버는 자폐 판정을 받았다. 달린과 남편은 이해하고 받아들이고 하나님께 감사하기까지 어둡고 고통스런 터널을 지나야 했다. 그러고는 자폐아를 위한 프로그램을 찾아보았다.

앰버가 태어난 지 3년째 되던 해에 갈색 눈의 아들, 샘이 가족이 되었다. 샘은 정말 매력덩어리였다. 그런데 이 아이는 정상아일까? 달린의 마음속에 질문이 쏟아졌다. 나는 이 사랑스런 젊은 여인이 나를 바라보며 "린다, 정상아를 바라는 게 잘못된 건가요?"라고 묻던 날을 기억한다.

샘도 검사를 받았다. 의사는 "샘이 정상아가 아닐 가능성이 높습니다. 하지만 기다려봅시다"라고 말했다.

과연 누가 이런 불확실성과 고통 속에서 살 수 있단 말인가? "오, 하나님, '만약' 샘이 정상아가 아니'라면' 제가 그 사실을 견뎌낼 수 있을까요? 결과를 모르는 상태로 수개월을 어떻게 기다리죠? 이렇게 어두운 터널 속에서 어떻게 당신을 신뢰하죠?" 이것이 달린의 마음속 절규였다.

몇 년 전 나는 『폭풍 속으로의 여행』(*Journey into the Whirlwind*)을 읽었다. 그 책은 스탈린 정권하에서 13년간 감옥 생활을 했던(그 중 6년은 독방에 감금되었다) 러시아 여인에 관한 책이었다. 그녀의 죄목은? 그저 평범한 교사일 뿐이었다. 나는 그 책에서 감명 깊은 한 문장을 발견하고 스크랩을 해두었다. 그녀는 자기 인생 중에 가장 어려웠던 시간은 끔찍한 고통을 겪은 수감 기간이 아니라 체포되기 전 3주 동안이었다고 했다. '미지의 것'을 기다리며 느꼈던 불확실과 불안감이 그녀와 가족에겐 고문이었다. 왜 그랬을까? "어쩌면 피할 수 없을지도 모를 재앙을 기다리는 것이 재앙 그 자체보다 더 나쁘기 때문이리라."[1]

인생의 '만약'을 기다리는 것, 앞으로 일어날지 안 일어날지 모르는 상황을 기다리는 것은 사람을 불안하게 만든다. 달린은 아들에 대한 큰 불안거리를 안고 어떻게 살았을까? 우리는 하나님이 우리에게 허락하실 '만약의 상황'에서 어떻게 살고 있을까? 달린은 믿음의 눈으로 현실을 보기로 결심했다. 최악의 상황에 정면으로 직면할 수 있도록 구체적인 계획을 세워 실행에 옮겼다.

**주님을 의뢰하라**

하나님은 달린에게 하나님을 신뢰하는 것에 관해 새 교훈을 가르쳐주셨다. 그리고 나에게도 가르쳐주셨다. 로빈의 병에 대한 염려와 싸우고 있을 때, 하나님은 예레미야 17장 5-8절 말씀을 묵상하게 하셨다.

> 여호와께서 이와 같이 말씀하시니라. 무릇 사람을 믿으며 육신으로 그의 힘을 삼고 마음이 여호와에게서 떠난 그 사람은 저주를 받을 것이라. 그는 사막의 떨기나무 같아서 좋은 일이 오는 것을 보지 못하고 광

야 간조한 곳, 건건한 땅, 사람이 살지 않는 땅에 살리라.

그러나 무릇 여호와를 의지하며 여호와를 의뢰하는 그 사람은 복을 받을 것이라. 그는 물 가에 심어진 나무가 그 뿌리를 강변에 뻗치고 더위가 올지라도 두려워하지 아니하며 그 잎이 청청하며 가무는 해에도 걱정이 없고 결실이 그치지 아니함 같으리라(렘 17:5-8).

이 말씀은 스스로를 신뢰하는 사람과 전적으로 주님을 신뢰하는 사람을 대비해 보여준다. 우선, 혈육으로 그 권력을 삼는 이들을 살펴보자. 이것은 분명 당신과 나의 모습은 아닐 것이다. 반면 그들은 불안한 마음을 하나님께 맡기는 대신 '만약'의 불확실성을 통제나 전략, 조작 등의 방법으로 해결하려 한다. 그런 식으로 '하나님을 도와드린다.' 이런 사람들에게 기다림이란 정말 힘들고 고통스럽다. 하나님은 너무나 느리게 일하시는 것 같다.

그 결과는 무엇인가? 재앙이다. 그들은 사막의 떨기나무처럼 메마르고 생기 없는 존재가 된다. 마음은 사막으로 변하고 하나님과의 교제에서 누리는 마음의 풍요를 누리지 못하게 된다. 하나님을 신뢰하기보다는 원하는 것을 얻기 위해 자신이 무엇을 할 수 있을까에 집중한다.

반면, 주님을 의뢰하는 사람은 어떠한가. 그는 평안 중에 힘차고 부요하다. 그의 시선은 통치자이신 주님께 맞춰져 있기 때문이다. 계속되는 문제 속에서도 늘 푸르고 열매를 맺는다. 비록 날은 가물지라도 일년 내내 그 잎사귀가 푸르다니!

하나님이 내 삶에 허락하신 3년의 가뭄 동안, 예레미야서의 말씀은 나의 기도가 되었다.

오, 하나님! 당신은 상황을 통제하고 당신을 도와드리려 하는 내 마음을 속속들이 아십니다. 이것이 나를 불안하게 한다는 것을 압니다. 용서해 주세요. 내 힘과 전략을 의지하고 싶지 않습니다. 통제하거나 조작하고 싶지도 않습니다. 오, 하나님, 당신을 전적으로 신뢰하는 것이 무엇인지 가르쳐주세요. 당신의 강가에 뿌리가 심겨진 복된 사람이고 싶습니다. 시련의 무더위가 올 때에도, 두려워하기보다 신뢰하고 싶습니다. 불안하기보단 만족하고 싶습니다. 내 눈이 당신께 고정되게 하소서. 그래서 나의 잎사귀들은 항상 푸르고 '만약의 상황'들에서도 열매가 맺히게 하소서.

하나님은 나의 간구에 응답하셨다. 나의 잎사귀들은 푸르게 유지되었다. 성경공부를 인도하러 갔던 어느 날을 기억한다. 당시 나는 사람들 앞에서 입을 떼는 것조차 힘들었다. 스스로가 너무나 연약하다고 느껴졌다. 하지만 집으로 돌아올 때, 나는 하나님이 나를 능력으로 사용하셨다는 사실에 압도되어 있었다. 나는 그날의 경험을 간증 삼아, 3년 간의 가뭄을 기억하며 경외하는 마음으로 하나님 앞에 엎드린다. 그 기간 동안 하나님에 대한 나의 인식은 엄청나게 확장되었다.

## 우리의 신뢰 수준

그럼에도 불구하고, '만약의 상황'이 발생했을 때, 당신이 이해하지 못하는 환경으로 인해 하나님을 비난할 것인지, 아니면 하나님의 성품을 신뢰하며 환경을 받아들일 것인지를 스스로에게 물어야 한다.

이사야 41장 10절은 "두려워하지 말라. 내가 너와 함께 함이라. 놀라지 말라. 나는 네 하나님이 됨이라. 내가 너를 굳세게 하리라. 참으로 너를 도와 주리라. 참으로 나의 의로운 오른손으로 너를 붙들리라"고 선포한다. 우리는 환경이 아닌 하나님께 초점을 맞출 때에만 하나님을 신뢰할 수 있다.

시편 141편 8절은 우리 눈을 주권자이신 주님께 향하고 주님께 피하라고 격려한다. 시편 112편 7절은 "그는 흉한 소문을 두려워하지 아니함이여 여호와를 의뢰하고 그의 마음을 굳게 정하였도다"라고 말한다. 사랑이 많으신 주 하나님께 우리의 마음을 정하면, '만약의 상황'에서도 평온할 수 있다. 우리가 마음을 정하기로 결심하는 그 때에 하나님은 우리 마음을 붙잡으신다. 이것을 확신할 수 있다는 건 얼마나 놀라운 일인가!

당신은 위의 구절들을 여러 번 읽어봤을 것이고, 심지어 암송하고 있는지도 모르겠다. 하지만 당신에게 한 가지만 묻고 싶다. 당신은 진심으로 하나님을 신뢰하는가? 이 질문은 두 가지 의미가 내포되어 있다. 첫째는 "당신은 하나님을 '신뢰할 수' 있는가?"이다. 역경의 순간에도 하나님을 의지하는가에 대한 질문이다. 둘째도 매우 중요하다.

"'당신'은 하나님을 신뢰할 수 있는가?"이다. 하나님의 임재와 능력에 대한 증거가 보이지 않고 불안해할 때, 하나님이 당신과 함께 하신다고 믿을 만큼 하나님과의 관계가 친밀한지, 하나님에 대한 확신이 깊은지에 대한 질문이다.

기억하라. 만족은 하나님과의 친밀한 관계에서 오는 것이지 환경에 대한 반응에서 오는 것이 아니다. '만약의 상황'은 우리를 하나님과 믿음으로 이끌거나, 염려와 자기 의존으로 이끌거나 둘 중 하나다. 하나님은 평안과 만족을 주시지만, 염려는 고통과 비참함을 준다.

### 하나님과 공놀이하기

하나님께 나의 불안거리를 드리기 전 나는 하나님이 내 문제를 이해하시고 해결하시리란 걸 믿어야만 한다. 하나님이 만물을 다스리시는 만유의 통치자이심을 반드시 믿어야 한다. 만물이 그분의 통치 아래 있지 않다면, 그 중에는 몇 가지 예외가 존재할 텐데 내가 그 예외에 속한다면, 내 불안은 해결되지 못할 것이다.[2]

대부분의 크리스천은 문제가 생겼을 때 처음엔 전적으로 하나님을 신뢰할 수 있다. 그러다가 이런 의심이 생긴다. '하나님은 내 아이가 정상이 아닐 수 있다는 걸 아실까? 내 아이가 병에 걸려 살 날이 얼마 남지 않았을 수 있다는 걸 아실까? 내가 암에 걸릴지도 모른다는 걸 알고 계실까?'

그러다 어느 날 우리는 하나님과 공 주고받기를 하고 있는 자신을 발견한다. "오, 하나님, 그러다 애를 떨어뜨릴 것 같네요, 그 앨 다시 저에게 주세요, 제가 보살피겠어요. 그게 더 나을 거예요." 만족의 비결을 배우려면, 우리의 신뢰 수준을 더 높여야 한다. 하나님께 공을 던지고 공을 그곳에 남겨두어야 한다. 더 이상의 공놀이는 없다.

### 달린의 딜레마

달린과 그녀가 제기한 숱한 질문들로 돌아가보자. 만약 둘째 아이도 자폐아라면 어떻게 하지? 만약 상태가 더 심하면 어떻게 하지? 만약 … 만약 …. 샘을 하나님께 맡기는 일로 갈등하던 달린은 결심했다. "린다, 이 땅에서의 목적은 하나님을 영화롭게 하는 거잖아요. 내가 특별한 두 아이를 키우는 것이 하나님의 영광을 드러내는 최선의 방법이라고 하나님이 생각하셨다면, 그렇다면 나를 향한 하나님의 뜻을 받아들이겠어요."

달린이 '만약 …하게 되면'이 야기하는 가장 큰 두려움을 기꺼이 하나님께 맡기는 것을 보며 나는 겸손해졌다. 그것으로 그녀와의 상담은 끝났다. 다음 글은 그녀를 잘 묘사해 준다. "과거에 대한 분노, 혹은 미래에 대한 불안과 염려 때문에 뒷걸음치지 말라. 오직 하나님의 뜻을 품고 그분의 품 안에서 평안히 거하라."[3]

달린은 이해하지 못할 때에도, 그러고 싶지 않을 때에도, 하나님이 하시는 일을 볼 수 없을 때에도 하나님을 신뢰하기로 결단했다. 달린은 구체적인 계획을 세우고 실행에 옮겼기 때문에 최악의 '만약의 상황'에도 직면할 수 있었다. 그녀는 이렇게 말했다. "먼저 나는 내가 생각하는 최악의 '만약의 상황'은 무엇인지 자문해 보았어요. 내 대답은 둘째도 자폐 판정을 받을 경우였지요. 그래서 다시 최악의 '만약의 상황'에서도 하나님을 신뢰할 수 있는지 자문해 보았습니다. 하나님은 여전히 하나님이신지, 하나님은 여전히 주권자이신지, 하나님은 여전히 사랑이 많으시고 선하신지를 스스로에게 물었습니다. 그리고 나는 그렇다고 대답했습니다. 최악의 '만약의 상황'에 직면한 후, 나는 이 거대한 불안을 주님께 던져버리기로 결심한 거죠. 하나님이 나를 돌보신다는 걸 알고 있으니까요. 그러고는 하나님께 오늘, 단지 오늘 하루를 살아갈 힘을 달라고 구했어요. 내일의 두려움과 염려는 하나님께 맡기고 말이에요."

이는 에어컨 회사의 설립자 윌리스 캐리어가 자신을 염려로부터 해방시키기 위해 계발한 3단계 처방전과 동일하다. 젊은 시절 캐리어는 불가능해 보이는 업무를 맡게 되었다. 이 때문에 그는 잠을 이루지 못했다. "내 염려는 나를 어디에도 데려다주지 않았다. 그래서 염려하지 않고 나의 문제를 해결할 수 있는 방법을 궁리했다." 여기 그것을 위해 마련된 3단계가 있다.

1. 일어날 수 있는 최악의 상황을 자문해 보라.
2. 어쩔 수 없다면 그 상황을 받아들일 준비를 하라.
3. 침착하게 최악의 상황을 개선시켜 가라.

윌리스 캐리어가 자신에게 일어날 수 있는 최악의 상황(회사가 피해를 입고 자신은 해고를 당하는 상황)을 생각하고 그 상황을 받아들이도록 스스로를 위로하자, 대단히 의미심장한 일이 일어났다. 그는 근래에 경험해 보지 못한 평안을 누렸다. 그 때부터 그는 침착하게 시간과 정력을 쏟았고 최악의 '만약의 상황'을 개선하기 위해 애썼다.[4] 결과는 어땠을까? 그는 문제를 해결했고, 회사는 큰 수익을 얻었다!

최악의 '만약'에 직면하게 해주는 3단계에 대해 읽었을 때 이런 생각이 들었다. '도움이 될 것 같아. 하지만 성경적일까?' 그런데 성경을 연구해 가면서, 우리가 본받고 싶어하는 성경의 여러 인물들의 삶을 캐리어가 제법 따라갔다는 생각이 들었다. 사도 바울은 날마다 죽음에 직면한다고 말했다. 바울은 적대자들이 자기에게 가할 수 있는 최악의 상황에 직면했지만 "이는 내게 사는 것이 그리스도니 죽는 것도 유익함이라"(빌 1:21)고 말할 수 있었다. 이런 태도 때문에 바울은 담대히 복음을 전하는 데에 자유로웠다.

왕후 에스더는 구약에서 찾을 수 있는 좋은 예다. 그녀는 모든 유대인들을 죽이라는 명령을 거두어달라고 간청하면서 왕 앞에 나아간다면 자기가 죽으리란 걸 알고 있었다. 그녀는 "죽으면 죽으리이다"(에 4:16)라고 말했다. 그녀는 죽음의 가능성에 직면했고, 자기에게 닥칠 상황을 하나님께 맡겼다. 그리고 최악의 상황이 발생하지 않게 막을 수 있는 방안을 찾아낼 수 있었다.

### 샬롯이 예상한 최악의 '만약의 상황'

내 친구 샬롯은 가슴에서 멍울을 발견했다. 그녀는 자신에게 "일어날 수 있는 최악의 상황"에 대해 먼저 생각했다. 처음엔 유방절제수술이었다. 그 다음엔 "최악의 상황은 죽음"이라는 생각이 들었다. 샬롯은 만약 하나님이 허락하신 상황이라면 자신이 어디까지 받아들일 수 있을지 자문해 보았다. "가슴을 잃어도 받아들일 수 있을까? 죽음을 받아들일 수 있을까? 이런 상황에서도 하나님이 사랑이 많으신 복되신 통치자라고 믿을 수 있을까?"

샬롯은 유방절제수술을 받았다. 각종 치료를 받겠지만, 암이 사라지지 않고 더 커지거나 심지어 죽음의 가능성이 상존한다는 것을 알고 있었다. 하지만 그녀는 평안했다. 그녀에게 산다는 것은, 자녀들의 결혼과 손주들의 출생을 보면서 남편과 함께 늙어가는 것이다. 그리고 죽는다는 것은 그리스도와 함께 있는 것이다. 마음의 평안을 누리면서 그녀는 자신이 할 수 있는 것들을 차분하고 꾸준히 해나갈 수 있었다. 순종하는 마음으로 수술에 임했고, 엄격한 식단을 받아들였으며, 규칙적으로 운동하고 충분히 쉬었다. 그런 성실한 샬롯의 태도는 나를 놀라게 했다. 홍콩에서 함께 쇼핑하고 유쾌한 시간을 갖다가도, 시계를 보고는 "린다, 낮잠 잘 시간이야. 가봐야겠어"라고 말했다. 그녀는 매일 낮잠을 잤다. 그녀는 자기 역할을 충실히 수행하되 '만약의 상황'은 하나님께 맡기기로 결심했던 것이다.

### 나의 터무니없는 '만약의 상황'

달린과 샬롯의 '만약의 상황'은 심각한 경우에 속한다. 둘째 아이마저 자폐증이고, 본인이 암에 걸린 상황이기 때문이다. 하지만 당신도 나와 같다면, 터무니없는 '만약의 상황'들을 상상해 보고 그 생각에 사로잡힐 때가 있을 것이다. 감기로 인한 부스럼이 생겼을 때 내가 떠올렸던 '만약의 상황'을 이야기하는 것은 부끄러운 일이다. 하지만 여태 이 책을 써오면서 나의 약점에 대해 정직해지고자 해왔기에 이것도 숨기지 않겠다.

앞으로 다섯 밤이 지나면 나는 수련회 강의를 위해 버지니아로 떠날 참이었다. 수련회 담당자에게서 TV 인터뷰를 해달라는 연락이 왔다. 2회 연속으로 방영될, 만족을 주제로 한 인터뷰였다. 좋은 기회였다. 그런데 문제가 있었다. 코에 거대한 뾰루지가 났다는 것이다. 만약 금요일까지 계속 이러면 어떻게 하지? TV에는 어떻게 보일까? 생각만으로도 오싹했다!

하루에도 여러 번 거울을 쳐다봤다. 이런 뾰루지가 나본 적이 있다면 서둘러서 될 일이 아니란 것을 알 것이다. 결국 나는 스스로를 꾸짖었다. "린다, 이게 얼마나 우스운 일이니! 어떻게 보이는가를 신경쓰느라 귀중한 시간을 낭비하고 있잖아."

그래서 나는 내가 직면하게 될 최악의 '만약의 상황'이 무엇인지 자문했다. 그것은 코에 난 빨간 뾰루지가 TV에 방영되는 것이었다. 어쩔 수 없다면 이 상황을 받아들일 수 있겠는가? 물론이지. 나는 나를 비웃어주고 주님께 말했다. "더 이상 거울을 보지 않겠어요."

지금까지 얘기했던 '만약의 상황'을 실제적으로 다루는 방법은 다음의 기도에 잘 요약되어 있다.

하나님, 당신은 내가 바꿀 수 없는 것을 받아들이도록 평안을 주셨습니다. 내가 할 수 있는 것들을 변화시킬 용기도 주셨습니다. 그 차이를 인식할 수 있는 지혜도 주셨습니다. 한 번에 하루씩 살면서, 한 번에 한 순간씩 즐기면서, 역경이 평안에 이르는 통로임을 인정하면서, 예수님이 그러셨던 것처럼 죄 많은 이 세상을 있는 그대로 받아들이면서 말입니다. 내가 당신의 뜻에 복종한다면, 모든 것을 선한 열매 맺도록 해 주시리라 믿습니다. 나는 이 생에서도 행복하겠지만, 저 생에서는 당신과 함께 영원히 최고의 행복을 누릴 것입니다.[5]

당신이 생각하기에 심각한 '만약의 상황'은 무엇인가? 당신이 스스로를 비웃게 만들, 터무니없는 '만약의 상황'은 무엇인가? 당신은 공놀이를 멈추고 모든 것을 하나님께 맡길 준비가 되었는가?

거룩하신 아버지, 나는 '만약의 상황'에 골몰하는 연약한 자입니다. 내 힘으로 통제하고 전략을 세우는 때가 너무나 많음을 고백합니다. 당신을 의지하는 자는 복이 있다고 주님이 말씀하셨습니다. 당신을 주 하나님으로 모시고 전적으로 신뢰하는 '복 있는 자'가 되기를 간절히 원합니다.

 **만족의 사람 | 코넬리아**

루마니아에 공산주의 독재가 이어지던 어두운 시절, 우리는 친구인 탈로시와 코넬리아의 고통을 목격해야 했다. 탈로시는 하나님의 사람이라는 이유로 박해를 받았다. 그가 기독교 교단의 고위 임원으로 선출되었을 때, 공산당은 그의 선출을 인정하지 않았다. 용감한 교인들은 묵묵히 그를 재선출했다.

그가 재선되자 탈로시와 코넬리아를 놀라게 하는 일이 발생했다. 루마니아 비밀경찰이 '우정의 대화'를 나누자며 점심 식사에 탈로시를 초대한 것이다. 이런 만남은 전례가 없는 일이었다. 저들의 목적이 뭘까?

점심 식사가 있고 나서 며칠이 지났다. 탈로시는 경미한 기침을 시작으로 폐에 문제가 생겼음을 알았다. 증세가 심해지면서 각혈까지 했다. 결국 탈로시는 침대에서 일어나지 못했고, 가족들은 그가 죽어 가고 있다는 걸 깨달았다. 의사는 고개를 저으며 손쓸 방도가 없다고 했다. 미국의 교단에서 타로시를 검진할 다른 의사를 루마니아에 보내주었다. 의사는 탈로시의 폐가 효모균에 감염됐다는 진단을 내렸다. 비밀 경찰과의 점심 식사 자리에서 그 일이 은밀히 진행되었을 거란 추측을 할 뿐이었다. 탈로시는 죽음의 문턱에 있었다.

아내 코넬리아는 감당하기 힘든 현실을 기도 가운데 하나님께 토로했다. "만약 남편이 점심 식사 요청을 거절했더라면! 만약 남편이 미국 의사를 조금만 더 일찍 만났더라면! 하나님, 이해할 수 없어요. 내 남편은 주님을 사랑합니다. 당신을 섬긴다고요. 그가 고통 받는 걸 지켜보기 너무 힘듭니다. 주님을 바라보던 내 시선이 미끄러져 자꾸만 환경을 보게 됩니다. 어떻게 당신을 신뢰하는 건지 가르쳐주세요."

하나님은 이와 같은 기도에 응답하기를 몹시 좋아하신다. 코넬리아가 창조주를 의지하면 할수록 하나님에 대한 그녀의 신뢰는 강해졌다. 감사하게도, 의사는 처방전을 마련했고 탈로시는 조금씩 회복되었다. 하지만 그의 병은 그가 겪을 수많은 박해 중 하나에 불과했다. 이후 고통의 시간 동안 코넬리아를 아는 모든 사람들이 그녀의 얼굴에 깃든 평안에 놀랐다. 그 평안은 하나님에 대한 신뢰에서 온 것이었다.

# 11
## 이미 일어난 일에 대해 하나님 신뢰하기

당신도 들어보았을 옛날 이야기가 있다. 작은 마을에 한 노인이 살고 있었다. 그는 비록 가난했지만 그가 소유한 아름다운 백마 때문에 모든 사람들의 부러움을 샀다. 심지어 왕조차도 그의 보물을 탐냈다. 사람들이 원하는 만큼 값을 지불하겠다고 제안하며 그 말을 사려 했지만, 언제나 그 노인은 거절했다. "이 말은 내게 말이 아니라네. 사람이라네. 어찌 사람을 팔 수 있단 말인가? 그는 친구이지 소유물이 아니야. 어찌 친구를 팔 수 있단 말인가?" 그 노인은 가난했고, 유혹은 대단했다. 하지만 결코 그 말을 팔지 않았다.

어느 날 아침, 마구간에서 말이 없어졌다. 소식을 들은 마을 사람들이 노인을 보러 왔다. "이 어리석은 사람아." 그들은 비웃었다. "누군가 말을 훔쳐갈 거라고 말하지 않던가. 자네는 그토록 가난한데도,

어쩌자고 그렇게 비싼 동물을 지킬 생각을 안 한 거야? 파는 게 더 나을 뻔 했잖은가. 원하는 만큼 값을 받을 수 있었을 텐데 말이야."

노인은 대답했다. "그렇게 성급히 판단하지 말게나. 말이 마구간에서 없어졌을 뿐인걸. 그게 우리가 아는 전부 아닌가. 나머지는 추측일 뿐이지. 내가 저주를 받은 건지 아닌지 자네들이 어떻게 알 수 있겠나?"

사람들은 태도를 바꾸지 않았다. "우리를 바보취급하지 말라고! 자네의 말이 사라졌다는 사실이 저주가 아닌가."

노인은 다시 말했다. "내가 아는 것이라곤 마구간이 비어 있고 말이 사라졌다는 거지. 나머지는 모르는 일일세. 이것이 저주일지 축복일지 난 말할 수 없네. 우리가 볼 수 있는 전부는 조각일 뿐이야. 다음에 무슨 일이 일어날지 누가 장담하겠는가?"

마을 사람들은 비웃었다. 그들은 노인이 어리석다고 생각했다. 그가 바보가 아니라면 말을 팔았을 것이고 더 넉넉히 살았을 것이기 때문이다.

보름 후, 말이 돌아왔다. 말은 도둑맞은 게 아니었고 숲으로 달아난 것이었다. 말은 열두 마리의 다른 야생마들을 데리고 왔다. 마을 사람들은 다시 한번 노인의 집에 모였다. "이봐, 자네가 옳았네. 우리가 저주라고 생각했던 게 축복이었네. 우리를 용서하게나."

노인은 대답했다. "이번에도 자네들은 너무 멀리 가는군. 그저 말이 돌아왔다고만 말하게나. 열두 마리의 말들과 함께 돌아왔다고 하면 되지, 그 이상은 판단하지 말게나. 이것이 축복일지 아닐지 어떻게 알겠나? 자네들은 단지 조각만 볼 뿐이야. 전체 이야기를 모르면서 어떻게 판단할 수 있지? 한 페이지만 읽고 어떻게 책 한 권을 판단할 수 있겠는가? 나는 내가 아는 바에 만족해. 내가 모르는 것 때문에 불안해 하지 않아."

마을 사람들은 이번에는 "저 노인이 옳을지도 몰라"라고 말했다. 하지만 마음 깊은 곳에서는 그가 틀렸다고 믿었다. 그들은 이것이 축복이라 생각했다. 아름다운 흰 말이 열두 마리의 야생마와 함께 돌아왔다. 약간의 노력만 기울인다면 이 야생마들을 길들여 많은 돈을 벌 수 있을 것이다.

노인에겐 아들이 있었다. 외동아들이었다. 이 아들이 야생마들을 길들이기 시작했다. 며칠 후 그는 말에서 떨어져 두 다리를 다쳤다. 다시 한번 마을 사람들이 노인에게 몰려왔다.

"자네 말이 맞았네. 열두 마리 말은 축복이 아니었어. 그놈들은 저주였지. 자네의 외동아들이 다리를 다치지 않은가. 늙은 자네 말고는 아이를 돌봐줄 사람이 없구려. 이제 이전보다 더 힘들어지겠어."

노인은 다시 말했다. "그렇게 멀리까지 판단하지 말라니까. 내 아들의 다리가 부러졌다고만 말하게나. 이것이 축복일지 저주일지 누가 알겠는가? 아무도 모른다네. 우리는 그저 전체의 조각만 알 뿐이지."

몇 주 후, 나라가 이웃 나라와의 전쟁에 휘말렸다. 마을의 모든 젊은이들은 군대에 징집됐다. 오직 노인의 아들만 다리 때문에 제외되었다. 적들은 강했고 사람들은 자기 아들들을 다시는 못 볼 거라 두려워했다. 다시 한번 그들은 노인에게 모여들었다. "이봐, 자네가 옳

왔네. 신은 자네가 옳다는 것을 알고 계시지. 이것이 증명해 주지 않는가. 자네의 아들이 당한 사고는 축복이었네. 그의 다리는 부러졌지만, 적어도 그는 자네와 함께 있지 않은가. 우리 아들들은 영원히 가 버렸다네."

노인은 다시 말했다. "왜 자네들은 항상 결론을 지으려 하는가? 아무도 모른다네. 오직 이렇게 말하게나. 자네의 아들들은 전쟁에 갔지만, 내 아들은 가지 않았다고 말일세. 아무도 이것이 축복인지 저주인지 알 만큼 지혜로운 사람은 없다네. 오직 하늘만이 아실 뿐이지."[1]

노인은 자기가 아는 사실에 만족했고 이해하지 못하는 것 때문에 불안해 하지 않았다. 에픽테투스는 "나는 내게 일어난 모든 일에 항상 만족한다. 하나님이 내리신 결정은 내가 내리는 선택보다 항상 더 낫기 때문이다"라고 말했다.

갑작스런 시련과 커지는 불확실성 속에서도 우리가 만족을 찾을 수 있으려면, 전능하신 하나님이 우리를 사랑하실 뿐만 아니라 그 하나님이 우리를 위해 현재의 상황을 최선의 것으로 허락하셨다는 사실을 받아들일 수 있어야 한다. 대개의 경우 이 일은 '만약 …했더라면'의 고질병에서 벗어남으로써 시작된다.

### '만약의 가정'을 피하라

짐은 비록 끊임없이 유혹에 직면하게 될지라도 '만약 …했더라면'의 질병에서 벗어나기로 했다. 짐과 그의 가족은 선교사로 떠나기 위해 모든 것을 버렸다. 아프리카에 선교사로 머무는 동안, 짐은 만성피로 증세를 일으키는 바이러스에 감염되었다. 짐은 12년 동안 병마와 싸웠다. 그 중 6년 동안은 침대에 누워 지내야 했다. 3개 대륙에서 35명의 의사들이 와서 그를 진찰했지만 치료제를 찾지 못했다. 그래서 그는 매우 한정된 시간 동안만 일할 수 있었다.

이 귀한 가정이 지난 여름 우리를 방문했다. 로이스와 딸들이 콜로라도 스프링스를 돌아보는 동안, 짐은 집에 남아 책을 읽었다. 때때로 짐은 가족들과 동행했지만, 하루에 딱 한번만 계단을 오르내릴 수 있었고 나머지 체력은 비축해 두어야 했다. 이 때는 이미 12년의 고통을 겪은 후였다. 비참, 자기연민, 초조, 분노 등으로 짐의 성격이 일그러져 있으리라 생각할 것이다. 하지만 내가 본 바로는 전혀 그렇지 않다. 그는 육체의 질병 때문에 '만약 아프리카에 가지 않았더라면'이라고 생각하는 것 같지는 않았다. 그는 하나님이 허락하신 사실에 대해 늘 평안을 누렸다. 언젠가 로이스는 6년간 침대 생활을 해온 짐에게 물었다고 한다. "자신이 너무 불쌍하다는 생각을 해본 적 있어요?" 짐은 대답했다. "자기 연민은 너무 많은 기력을 필요로 해. 나에겐 그렇게 낭비할 기력이 없어."

우리는 자기 연민에 얼마나 많은 시간을 낭비하는가? '만약 내 처지가 달랐더라면'이라고 생각하면서 말이다. 짐은 '만약'을 가정해 보는 사치를 허락하지 않았다. 그는 하나님이 그의 삶에 허락하신 것에 만족했다.

『가뭄에도 푸른 잎』(Green Leaf in Drought)이라는 책에는 '만약의 가정'에 대한 전설 같은 이야기가 담겨 있다. 1947년 중국 공산당이 모든 선교사들을 추방했을 때, 아더 매튜와 윌마 매튜는 중국 내지로 들어갔고 출국 금지를 당했다. 동료들이 탈출하는 동안, '만약'의 가정이 그들의 마음과 생각을 괴롭혔다. "만약 우리를 이곳으로 초청하는 그 편지가 오지 않았더라면…. 만약 아더가 당국을 화나게 하는 세계평화성명에 서명하지 않았더라면…. 만약 … 만약 …."

윌마는 그 상황 때문에 너무나 괴로웠고 '만약의 가정들'로 인해 마비되는 것 같았다. 그래서 부활절에도 "그가 다시 사셨네"를 찬송하지 못했다. 그녀는 하나님이 자기들을 버리셨다고 생각했다. 윌마는 우중충한 부엌에 혼자 앉아 A. B. 심슨의 책 『당신 삶에 있는 '만약'』(The If in Your Life)을 집어 들었다. 그녀는 나사로의 죽음에 관한 내용을 읽었다. 마르다는 예수님께 "주님, '만약' 당신이 여기에 계셨더라면, 내 오라비는 죽지 않았을 거예요"라고 말했다. 예수님은 거기에 계실 수도 있었지만 멀리 계시지도 않았다. 예수님은 모든 것을 알고 계셨지만, 그럼에도 나사로를 죽게 내버려두셨다.

윌마는 그 책을 읽으며 위대한 진리를 깨달았다. 모든 삶에는 '만약'이 있다. '만약' 하나님이 그렇게 하시기로 결심하셨더라면 달라졌을 수도 있다. 하나님은 전능하시다. 하지만 하나님은 다른 방식으로 그 '만약'이 일어나도록 허락하시곤 한다. 마르다의 경우, 그녀는 '만약 예수님이 거기 계셨더라면' 하고 바랐지만, 주님은, 다른 방식으로, '만약 마르다가 주님을 믿었더라면' 하고 바라셨다. 마르다는 나

사로가 죽음에서 구원받기를 원했지만, 주님은 나사로가 죽음을 이기기를 원하셨다. 그렇기에 예수님은 마르다에게 "내 말이 ('만약') 네가 믿으면 하나님의 영광을 보리라 하지 아니하였느냐"(요 11:40)라고 말씀하신 것이다.[2]

2년 후, 매튜 부부는 중국을 떠나도록 허락받았다. 계속되는 심문과 끔찍한 환경 속에서도 그들은 '만약의 가정'들을 하지 않기로 결심했다. 사랑이 풍성하신 하나님의 주권에 초점을 맞추기로 선택했다. 두 사람은 내적인 평안을 얻게 되었고 하나님은 영광을 받으셨다.

우리는 쉬지 않고 '만약'을 가정하는 영적인 불평꾼들이다. 가진 것 대신 갖지 못한 것을 생각하게 되면, '만약'의 질병에 걸린다. 하나님이 이미 주신 것에 불만족하게 된다. 이 고질병에 걸리면 균형을 상실한다. 이스라엘 백성을 생각해 보자.

> 첫째 달에 이스라엘 자손 곧 온 회중이 신 광야에 이르러 백성이 가데스에 이르더니 미리암이 거기서 죽으매 거기에 장사되니라. 회중이 물이 없으므로 모세와 아론에게로 모여드니라. 백성이 모세와 다투어 말하여 이르되, "('만약') 우리 형제들이 여호와 앞에서 죽을 때에 우리도 죽었더라면 좋을 뻔하였도다. 너희가 어찌하여 여호와의 회중을 이 광야로 인도하여 우리와 우리 짐승이 다 여기서 죽게 하느냐? 너희가 어찌하여 우리를 애굽에서 나오게 하여 이 나쁜 곳으로 인도하였느냐? 이 곳에는 파종할 곳이 없고 무화과도 없고 포도도 없고 석류도 없고 마실 물도 없도다"(민 20:1-5).

이스라엘 백성은 문제에 직면했다. 마실 물이 없었다. (대개 '만약'의 질병은 현실적인 문제에서 비롯된다.) 그들은 하나님께 초점을 맞추는 대신 문제에 초점을 맞추었다. 그 결과 비합리적인 사고를 낳았다. 그들은 균형을 잃고 애굽에서의 삶을 그리워하기 시작했다. 믿을 수 없는 일이다! 그들은 애굽에 살면서 그곳을 증오했었다. 노예처럼 살면서 짚도 없이 벽돌을 만들도록 강요받았고 많은 박해를 받지 않았던가.

이스라엘 백성이 갖지 못한 것에 대해 생각하자, 한 가지 문제가 우후죽순처럼 늘어나 한 무더기의 불평거리가 되었다. "'만약' 애굽에 돌아갔더라면. '만약' 포도와 무화과와 맛난 음식이 있었더라면. … 만나는 지겨워." 그들은 한참 동안 불평을 늘어놓고 맨 마지막에 현실적인 문제를 덧붙였다. "게다가 마실 물도 없단 말이지."

나는 불평이 증폭되어가는 과정을 잘 안다. 나는 이 영역의 전문가다. 내 마음은 한 가지 부정적인 면을 부풀려서 '연민 파티'를 열 수 있을 만큼 여러 개의 풍선을 띄운다. 이게 바로 이스라엘 백성이 벌이고 있는 짓이다. 그들의 불평거리는 색종이가 뿌려지듯 사방으로 날아다녔다.

이스라엘 백성은 바로에게 닥친 열 가지 재앙과 홍해가 열리는 기적을 목격한 사람들이다. 그들에게 음식이 없을 때 하나님은 만나를 내려 그들을 먹이셨다. 그 일은 사십 년 동안 거르지 않고 계속됐다. 당신은 그들이 시장을 보거나 요리할 필요도 없었다는 점을 부러워할 수도 있겠다. 하지만 그들은 지금 불신앙 속에서 '물이 없다'고 불평하고 있다. 그들은 하나님의 신실하심을 깡그리 잊어버렸다.

물론 그들의 물에 대한 요구는 정당했다. 하지만 이스라엘 백성의 시선은 문제 해결자가 아니라 문제에 맞춰져 있었다. 하나님이 홍해의 물을 갈라지게 하실 수 있었다면, 분명 하나님은 마실 물을 공급해 주실 수도 있었다. 그러나 그들의 시선은 기적의 하나님이 아니라 문제에 맞춰져 있었다.

민수기 20장 12절은 하나님이 이스라엘 백성들의 계속적인 불평에 어떻게 반응하시는지 보여준다. 모세와 아론은 그들을 약속의 땅으로 인도하지 못할 뻔했다. 왜 그랬을까? "여호와께서 모세와 아론에게 이르시되, '너희가 나를 믿지 아니하고 이스라엘 자손의 목전에서 내 거룩함을 나타내지 아니한 고로 너희는 이 회중을 내가 그들에게 준 땅으로 인도하여 들이지 못하리라' 하시니라."

하나님은 우리가 어떠한 상황에 있든지, 하나님을 신뢰하기 원하신다. 이것은 내 친구 딜라에게 대단히 어려운 문제였다.

### 하나님이 주신 분깃을 받아들이기

몇 년 전 나는 딜라에게서 다음과 같은 편지를 받았다.

> 우리 이야기는 소설 속의 로맨스였어. 나는 로버트와의 결혼 생활이 영원할 줄 알았어. 우리는 어렸을 때부터 서로를 알았고, 우리의 멋진 우정은 특별한 로맨스로 꽃폈단다.

14년 후 삭막한 현실이 '영원히 행복할 것 같던' 결혼에 찾아왔어. 나는 로버트가 한 젊은 여자와 침대에 누워 있는 걸 발견했단다. 그 여자는 우리 둘의 친구였지. 그 슬픔과 고통 그리고 비참함을 표현할 말이 영어에는 없더라. '나의' 침대에서 '나의' 남편과 '나의' 친구가 벌여놓은 그 장면을 목격한 이래로, 내 삶은 메말라버렸어. 크리스천인 내 남편도 간음하지 말라는 말씀을 믿는 줄 알았어.

로버트가 다시는 그러지 않겠다며 용서를 구했을 때 나는 용서했단다. 우리의 결혼이 회복되어 더 든든해지리라 믿었지. 두 아이에겐 아빠가 필요했고, 나도 여전히 로버트를 사랑하고 필요로 했단다. 그 이후 몇 년간 나는 롤러코스터를 타는 기분이었어. 로버트의 별명은 '매력남'이고 언제나 완벽한 거짓말꾼이야. 그런데 나는 그를 믿었단다.

1년 전 나는 또다시 그가 다른 여자와 바람을 피는 걸 알게 됐어. 그에게 집에서 나가라고 했지. 당혹감과 수치심이 나를 괴롭혔어. 지금은 두 아들을 포함해서 모든 사람이 알게 되었어. 우리 둘 다 교회에서 열심히 활동했고, 성경공부도 인도했고, 사람들을 제자훈련시키기도 했거든. 사람들은 우리가 전한 기독교에 대해 뭐라고 말할까?

나의 가정은 망가져 버렸어. 나는 상처받고 분노하는 두 아들과 함께 남았지. 두 아들의 남성성을 지도해야 할 책임이 내게 떨어졌어. 나는 몹시 외롭고 삶을 통제할 능력도 잃었단다. 때때로 내 머리는 마비되어 안개 속에 있는 것처럼 느껴져. 그래서 정말 단순한 계산도 못할 때도 있어. 나는 온 힘을 다해 하나님께 매달리면서 많은 질문을 던졌어. "만약 이 쓰레기 같은 결혼이 처음부터 없었더라면! 하나님은 이혼을 싫어하시면서, 어떻게 우리가 이혼하도록 내버려두실 수 있단 말이에요? 당신은 전능하시잖아요. 왜 로버트를 변화시켜주지 않는 거예요?" 내 소설 속의 로맨스의 끝은 아직도 알 수 없어. 나는 왜 하나님이 내 결혼에 이것을 허락하셨는지 답은 몰라. 하지만 하나님은 내게 많은 것을 가르쳐주셨단다. 나는 내가 오직 나에 대한 책임만을 진다는 걸 배웠단다. 나는 남편 대신 결정할 수 없어. 오직 그가 할 수 있을 뿐이지. 나는 하나님이 나에게 무엇을 하시든, 그것이 독신이든 화해든 기꺼이 받아들일 거야.

최근 딜라에게서 또 한 통의 편지를 받았는데, 그녀가 계속 성장하고 있는 것에 놀랐다. 그녀는 "내 삶의 세세한 부분에서도 하나님의 뜻에 동의하고 순종하는 법을 배우려 해. 남편과의 상황 때문에 아무 것도 안하고 슬퍼하면서 더 이상 내 인생을 낭비하고 싶지 않아." 딜라는 자기의 분깃에 대해 하나님을 신뢰하기로 결심한 것이다.

딜라의 입장이 되어보진 않았지만, 나도 내 분깃을 받아들이기 위해 싸워왔다. 지금 하나님이 나에게 맡기신 분깃은 매주 물리치료사를 찾아가 신경근 마사지 치료를 받는 것이다. 우리는 시골에 살기 때문에 한 번 오갈 때마다 두세 시간이 걸린다. 도로에서 엉덩이로 오는 충격을 받으며 차에 앉아 있는 것은 내 계획이 아니지만 내 분깃이다. 하나님이 이 아픔을 허락하셨다. 그러므로 나는 불편함이나 스케줄 조정을 기꺼이 감수할 수도 있고, 혹은 불평하며 몸을 긴장시킬 수도 있다. 이것은 대수롭지 않은 일이다. 짐의 고통에 비한다면, 자녀의 죽음에 비한다면, 바람피는 배우자에 비한다면, 많은 사람들이 매일 겪어야 할 말 못할 고통에 비한다면 엉덩이에 느껴지는 충격이 뭐 그리 대수인가? 정말 작은 일이다. 그러나 이 '아무 것도 아닌 일'이 내 삶을 혼잡케 한다. 우리를 힘들게 하고 불만족하게 만드는 건 이 '아무 것도 아닌 일들'일 경우가 많다.

그렇지만 평안은 받아들이는 데서 온다.

### 주님이 행하신 일을 기억하기

하나님이 우리 삶에 이미 허락하신 고통 더미에서 살아남을 수 있는 것은 하나님이 누구신지, 하나님이 과거에 무슨 일을 하셨는지를 기억함으로 인해서다. '만약의 가정'들이 내 마음에 침투할 때, 고뇌가 내 마음을 채울 때, 나는 내가 좋아하는 시편들을 묵상한다. 그곳에서 하나님은 거듭 나를 만나주셨다. 시편 77편에서 시인의 슬픔에 잠긴 말을 들어보라. "나의 환난 날에 내가 주를 찾았으며 밤에는 내 손을 들고 거두지 아니하였나니 내 영혼이 위로 받기를 거절하였도다. 내가 하나님을 기억하고 불안하여 근심하니 내 심령이 상하도다. 주께서 내가 눈을 붙이지 못하게 하시니 내가 괴로워 말할 수 없나이다. … 그의 인자하심은 영원히 끝났는가, 그의 약속하심도 영구히 폐하였는가, 하나님이 그가 베푸실 은혜를 잊으셨는가, 노하심으로 그가 베푸실 긍휼을 그치셨는가 하였나이다"(시 77:2-4, 8-9).

그의 물음은 나의 물음 같다. 하지만 그의 절망감이 어떻게 연민에서 찬양으로 바뀌는지 들어보라.

곧 여호와의 일들을 '기억하며' 주께서 옛적에 행하신 기이한 일을 기억하리이다. 또 주의 모든 일을 작은 소리로 읊조리며 주의 행사를 낮은 소리로 되뇌이리이다. 하나님이여, 주의 도는 극히 거룩하시오니 하나님과 같이 위대하신 신이 누구오니이까? 주는 기이한 일을 행하신 하나님이시라 민족들 중에 주의 능력을 알리시고(시 77:11-14).

'나는 기억하리이다'가 하나님을 신뢰하는 열쇠다. 나는 침대에서 나와 손에 종이와 펜을 들고 하나님이 과거에 나에게 행하셨던 일들, 하나님의 신실하심을 기억하려 애썼다. 하나님이 과거에 행하신 일들을 적어가다 보면, 현재에도 하나님을 신뢰하게 된다.

어느 캄캄한 밤, 나는 다음과 같이 일기를 썼다.

새벽 1시. 나의 몸과 영혼은 뒤척이고 있다. 내 마음은 '만약 …했더라면', '만약 …하게 되면', '왜…'의 생각으로 불붙고 있다. 폭발할 것 같다. 성경을 꺼내 읽었다. "내 영혼아, 네가 어찌하여 낙망하며 어찌하여 내 속에서 불안하여 하는고?" 나는 이 구절의 옛날식 표현을 더 좋아한다. "내 영혼아, 왜 수그러졌느냐? 내 안에서 왜 그렇게 초조해 하느냐?" 이 말씀이 나의 '수그러든 영혼'을 묘사하고 있다. 나는 계속 읽어갔다. "너는 하나님을 바라라. 그 얼굴의 도우심을 인하여 내가 오히려 찬송하리로다." 하나님께 초점을 맞추고 그분의 말씀대로 믿어야 한다는 걸 안다. 내 감정에 귀 기울이지 말아야 한다는 걸 안다.

하지만 다시금 내 영혼은 수그러지고, 살아 계신 하나님이 아닌 문제에 초점을 맞춘다. 소리 지르고 싶다. 내가 무엇에 초점을 맞추든, 그것이 되돌아와 고통을 준다. "오 하나님, 내 영혼이 낙망합니다. 내 눈을 들어 주님과 주님의 신실하심을 보게 하소서."

나는 하나님의 행사와 하나님의 신실하심을 기억할 것이다. 기억할 수 있는 유일한 길은 하나님의 신실하심을 자세히 기록하는 것이다. 기억하는 데 도움이 되도록 목록을 작성해야겠다.

앤드류 머레이는 어둠 속에서 바른 길로 인도하는 하나님의 말씀을 '기억하기' 위해 목록을 작성했다. 1895년에 그는 등이 몹시 아파 고생하고 있었다. 몇 년 전의 부상 때문이었다. 어느 날 아침 그가 아침식사를 하고 있을 때 여관 주인이 왔다. 아래층에 묵고 있는 여자가 큰 어려움에 처했는데 혹시 조언을 해줄 수 없겠냐고 했다. 앤드류는 뭔가가 적힌 종이 한 장을 건네주며 말했다. "내가 나를 위해 적어둔 충고입니다. 이걸 그녀에게 전해 주십시오. 도움이 될 겁니다." 그 종이에는 다음과 같이 적혀 있었다.

역경의 시간에 이렇게 말하라. "우선, 그가 나를 여기로 데려오셨다. 내가 이 협착한 장소에 있는 것은 그의 뜻이다. 나는 거기서 안식할 것이다." 그 다음엔 이렇게 말하라. "그가 사랑으로 나를 보호하실 것이고, 이 시련 중에도 그의 자녀로서 행동할 수 있는 은혜를 주실 것이다." 또 이렇게 말하라. "그가 시련을 축복으로 만드실 것이고, 내가 배워야 할 교훈을 가르치실 것이며, 주려고 작정하신 은혜를 부으실 것이다." 마지막으로 이렇게 말하라. "그의 선하신 때에 그가 나를 다시 데려오실 수 있다. 그 방법과 시기는 그만이 아신다." 그러므로 이렇게 말하라. "나는 (1) 하나님의 약속에 의해, (2) 하나님의 보호하심 가운데, (3) 하나님의 훈련 아래에, (4) 하나님의 때를 기다리며, 여기에 있다.[3]

앤드류 머레이는 문제에 초점을 맞추지 않기로, 그리고 "'만약' 이 고통이 없었더라면" 하고 가정하지 않기로 결심했다. 그의 시선은 하나님과 하나님의 목적에 있었다. 나는 '만약'의 늪에 빠지지 않기 위해 이 글을 암기했다. 이 이야기는 내게 걱정거리가 생길 때 '문제 해결자'에게 가도록 일깨워준다. 나는 문제에 대해 염려하고 불안해 하기 보다는 주님께 기도한다.

당신의 '만약의 가정'들은 무엇인가? 다음과 같이 기도하고 당신의 손을 잡아주시는 분께 그것들을 맡기지 않겠는가?

거룩하신 아버지, 불평하는 나를 용서해 주세요. 이스라엘 백성들처럼 불평했다는 걸 알아요. '만약 …했더라면'이 아닌 당신을 생각하고 싶습니다. 나를 지혜로 다듬어주세요. 내가 아는 바에 만족하고 내가 모르는 바 때문에 불안해 하지 않도록 말예요.

 **만족의 사람 | 모니크**

모니크의 눈은 팅팅 부은 채 감겨 있었다. 그녀의 흐느낌은 멈출 줄을 몰랐다. "하나님, 이러실 순 없어요! 왜죠, 하나님? 심장이 둘로 쪼개지는 것 같아요. 내 아들을 여기 중국에 남겨두라는 게 진심이신가요? 왜죠, 하나님? 당신이 그 애를 나에게 주셨잖아요. 왜 그 아이를 도로 데려가시는 거죠?"

모니크와 크리스토프는 2살짜리 중국 남자아이를 입양했고, 15년 전 장 폴이라는 이름을 지어주었다. 그는 고아였기에 그들이 그의 유일한 가족이었다. 폴에겐 그들이 필요했다! 그의 신앙심은 그다지 강하지 않았다. 앞으로 그에게 무슨 일이 일어날까? 모니크는 주님 앞에 무릎을 꿇고 기도했다. "오, 하나님, 이해할 순 없지만 내 아들을 당신께 드립니다. 그의 어머니와 아버지, 그리고 그의 전부가 되어주소서." 장 폴은 법적으론 중국인이었기 때문에, 모니크는 프랑스로 돌아가야 하는 상황에서 어쩔 수 없이 사랑하는 아들을 그곳에 남겨두어야 했다.

그 일은 1949년 중국 공산당이 선교사들을 국외로 추방할 때 일어났다. 1988년 조디와 나는 중국에 있었고, 거기서 장 폴을 만나 이 이야기를 들었다. 장 폴은 양부모가 강제 추방된 후 주 예수님과 사랑에 빠졌다. 그는 결혼도 했고, 자녀도 두었으며, 그리스도의 복음을 전하는 자가 되었다. 그는 신앙 때문에 21년간 수감생활을 했다. 그가 감옥에 있는 동안, 공산당은 그를 반역자로 몰아 그의 아내를 설득했고 이혼하게 만들었다. 그는 아내와 자식을 다시는 보지 못했다.

장 폴은 자기가 사랑하던 모든 사람을 빼앗겼지만 하나님을 신뢰하기로 결심했다. 그는 순회 전도자가 되어 중국의 가정교회에서 수천 명을 양육했다. 우리가 그를 만났을 때, 그는 비밀경찰에 쫓기는 중이었다.

장 폴은 '왜…'라는 질문으로 시간을 낭비할 수도 있었다. 그러나 단 1분도 허비하지 않았다. 그런 그에게선 빛이 났다. 그를 묘사하는 데 이보다 더 적합한 단어는 없었다.

모니크는 아들의 얼굴을 두 번 다시 보지 못했다. 그녀는 하나님이 어떻게 기도에 응답하셨는지 모른 채 죽었다. 나는 그녀가 오늘 천국에서 기뻐하고 있으리라 확신한다.

# 12
## 이해되지 않아도 하나님 신뢰하기

프라우 브라운 씨는 타자기로 친 계약서 몇 장을 건네주며 미소 지었다. 나는 힘겹게 독일어를 읽어가며 '이건 믿을 수 없어'라고 생각했다. 여기 오기 전 우리가 들은 바에 의하면, 아파트를 빌릴 때 계약서에 서명할 필요가 없고 집주인 브라운 부부는 십대 아이들을 좋아한다고 했다. 그러나 비엔나에서 12시간이나 떨어진 이 작은 독일 마을로 이사를 왔을 때, 우리는 계약서에 서명해야 한다는 것을 알았다.

계약서에는 이런 조건들이 명시돼 있었다.

- 누군가의 생일날 축하 노래를 부를 때, 너무 크거나 길게 부르지 말 것.
- 재봉틀을 사용할 때, 최저 소음 수준에 맞출 것. (나는 거의 바느질을 하지 않기 때문에 재봉틀의 소음을 조절할 수 있는지조차 몰랐다.)

- 자주 모이지 말 것.

계약서는 4장이나 되었다. 실제로 효과가 있을까? 아파트 주인에게 세입자의 생활 방식을 규제할 권한이 있을까?

분명한 건, 우리의 십대 아이들이 브라운 부부를 성나게 했다는 것이다. 그들은 아이들이 항상 조용하기를 기대했다. (창의적이고, 잘 웃고, 매우 시끄러운 내 아이들에겐 불가능한 일이었다.) 우리가 독일에 온 것은 쉬기 위해서였다. 동유럽과 러시아를 다니며 8년간 사역한 터라 조디와 나는 탈진 상태였다. 우리 집 아이들은 이 마을의 기독교 학교에 다니게 된 것 때문에 흥분해 있었다. 가구가 완비된 방 세 개짜리 아파트는 기도 응답이라 생각했다.

계약서는 우리 앞에 힘든 시기가 펼쳐질 것이라는 첫 번째 암시였다. 우리의 안식년은 일요일 오전의 여유로운 운전과 같을 거라 기대했었다. 그러나 얼마되지 않아 우리는 굴곡진 도로에서 계기판이 망가진 차를 운전하는 것과 같다고 느끼기 시작했다.

### 굴곡진 길과 쭉 뻗은 길

나는 개인적으로 '쭉 뻗은' 길을 선호한다! 나는 모든 것이 시야에 한번에 들어오는 명쾌한 날들을 맞이하고 싶다. 굴곡진 길은, 길이 굴곡져서가 아니라 하나님이 어떻게 일하시는지를 볼 수 없기 때문에 힘들다. 하지만 두 경우 모두 믿음이 요구된다. 우리가 볼 수 없을 때에도 하나님은 상황을 통제하고 계신다는 것을 기억하라. 단지 느낌상, 좋지 않다거나 안전하지 않다고 느껴질 뿐이다. 전도서는 삶이 형통할 때에는 기뻐하고 곤고할 때에는 하나님을 신뢰하라고 권고한다.

> 하나님께서 행하시는 일을 보라 하나님께서 굽게 하신 것을 누가 능히 곧게 하겠느냐? 형통한 날에는 기뻐하고 곤고한 날에는 되돌아 보아라. 이 두 가지를 하나님이 병행하게 하사 사람이 그의 장래 일을 능히 헤아려 알지 못하게 하셨느니라(전 7:13-14).

미르나 알렉산더는 그의 책 『당신의 하나님을 보라』(Behold Your God)에서 이 말씀에 대한 통찰력을 제공해 준다.

> '하나님이 야기하신' 인생의 굴곡과 '우리가 스스로 만들고 하나님이 허용하신' 인생의 굴곡이 있다. 우리는 실수와 오점과 쓰레기를 남긴다. 우리는 하나님이 지시하신 대로 인생을 살지 않음으로 무질서와 혼돈과 슬픔과 고통을 만들어낼 수 있다. 하지만 만물을 통치하시는 하나님은, 그것이 하나님에 의한 것이든 우리에 의한 것이든, 모든 인생의 굴곡에 대해 이렇게 말씀하신다. "하나님을 사랑하는 자 곧 그 뜻대로 부르심을 입은 자들에게는 모든 것이 합력하여 선을 이루느니라."[1]

브라운 씨와 그의 비합리적인 계약서는 우리에게 굴곡진 상황을 안겨주었다. 뭐라고 말해야 할지를 놓고 4일간 기도했다. 그후 집주인과 타협을 시도하기 위해 무거운 걸음으로 아래층에 내려갔다. 브라운 부인은 계약서는 형식에 불과하다며 나를 안심시켰다. 나는 우리가 서로를 이해하고 살 수 있기를 바라며, 행여나 우리가 그들을 힘들게 하거든 부디 알려달라고 말했다.

몇 주가 지났다. 브라운 씨는 분노 조절에 문제가 있는 사람이라는 게 드러났다. 하루는 브라운 부인이 아파서 내가 그녀에게 저녁을 차려주고 떠나려는데, 돌연 브라운 씨가 언성을 높이기 시작했다. 아니, 언성을 높인다는 단어는 너무 약하다. 그는 고래고래 소리를 지르기 시작했다. 나는 그가 우리에게 퍼붓는 말을 하나도 알아듣지 못했다는 사실에 감사했다. 하지만 그가 우리 아들 니키가 현관문을 닫지 않아서 화가 났다는 것만은 알아들었다. 나는 그런 식의 대우를 받아본 적이 없었다. 혼자 2층으로 올라오면서 나는 고개를 내저었다.

브라운 씨가 밤 10시에 화가 난 채로 문을 두드렸을 때 상황은 더 안 좋아져 있었다. 내가 목욕 중이었기 때문이다. 배수관을 흘러내려가는 물소리가 그에게 거슬렸던 것이다. 이번에는 조디에게 소리를 질렀다. (나는 욕조 안에 있었다!) 그는 계약이 파기됐으니 우리더러 나가라고 했다. 우리는 가능한 한 빨리 떠나야 했다. 하지만 어디로 간단 말인가? 인구가 5천 정도 되는 이 마을에는 세를 놓는 집이 거의 없었다. 우리는 머물 집을 찾아 정처 없이 눈 속을 헤맸다.

우리에게는 다섯 식구가 살 수 있는, 가구가 완비된 숙소가 필요했다. 이용할 수 있는 유일한 곳은 휴가철용 숙소뿐이었다. 우리는 하루 단위로 집세를 내야 했고, 그 비용은 브라운 부부에게 지불했던 금액의 3배에 달했다. 그 아파트는 일주일 살기엔 적당했지만 장기 거주지로는 최악이었다.

특히 양조장 냄새가 났는데, 조디가 세탁하러 지하실에 내려갔다가 그 이유를 알았다. 우리의 따듯한 새 집주인은 지하실에서 술을 빚고 있었다. 우리는 빨래를 할 때마다 그 발효과정을 지켜봐야 했다. 당연히 냄새도 피하지 못했다. 옷을 빨고 히터 위에서 말린 후에는 무슨 이유에서인지 내구성이 급격히 떨어졌다. 게다가 우리의 따듯한 새 집주인은 아침부터 조디에게 술을 권했다. 그는 포기할 줄 몰랐다. "딜로우 양반, 성경이 하루에 두 번 술을 마시는 것이 좋다고 말한다는 사실을 모르쇼?" 조디와 나는 성경을 찾아봤지만 그는 다른 성경을 말하고 있는 게 틀림없었다.

집에 방문했던 친구들은 "이 집은 제3세계 국가에 있는 거 같아. 한 달에 350달러 이상 낸다면, 그건 사기야!"라고 했다. (분명 그 이상이었다!) 하지만 우리는 한정된 공간에서 함께 살아가는 법을 배웠고, 그것이 그다지 나쁘지 않았다. 그러던 어느 날, 주방 의자에 앉아 위를 바라보던 나는 천정의 갈라진 틈에서 버섯이 자라고 있는 걸 발견했다! 우리가 섬기는 하나님은 얼마나 기발한 분이신지! 그렇다. 우리는 엄청난 집세를 내며 '고대 아테네식' 휴가철용 숙소를 사용하고 있었지만, 하나님은 우리에게 공짜 야채를 공급하고 계셨던 것이다!

긍정적인 면으로는 훌륭한 친구들, 매우 특별한 기독교 학교, 그리고 술 빚는 따듯한 집주인을 꼽을 수 있었다. 부정적인 면은 전에 살던 집의 브라운 씨가 계속해서 괴롭힌다는 것이었다. 그의 무례하고 분노에 찬 편지가 종종 우리 집 우편함에 와 있었다. 기물파손과 청소 미흡을 이유로 고소하겠다는 것이었다. 그 중에서도 두 번째 이유는 나를 특히 짜증나게 했다. 우리는 집 안 구석구석을 청소하느라 하루 온종일을 허비했기 때문이다. 결국 우리는 그 문제를 마무리 짓기 위해 변호사를 고용해야 했다.

우리는 쉬기 위해 이 마을에 왔지만 전혀 평온하지 않았다. "왜죠, 하나님?" 나는 물었다.

### 하박국: 굴곡진 상황에 처한 사람

성경 66권 중에 가장 좋아하는 책이 뭐냐고 물으면 나는 '하박국'이라 대답한다. 하나님은 이 사람의 고백을 사용하셔서 나를 격려하시고, 훈계하시고, '왜…'라는 묻고 싶은 상황에서 하나님을 신뢰한다는 게 뭔지를 보여주셨다. 나는 좀 색다른 시각을 갖게 되었다. 하박국서는 분량이 3장 밖에 안 되고 이 선지자와 하나님과의 대화를 단순하게 기록하고 있다.

하박국은 자기 민족이나 다른 민족에게 메시지를 전한 구약의 다른 선지자들과는 달랐다. 하박국은 하나님과만 대화했다. 그는 굴곡진 상황에 처한 사람이었다. 그나마 경건했던 왕 요시야가 죽은 후, 남쪽 유다 민족은 여호와 하나님 대신 거짓 신들을 예배했다. 도덕적

부패가 유다에 만연했지만 하나님은 침묵하셨다. 폭력과 무법이 횡행했지만 하나님은 상관하지 않으시는 듯했다. 하나님은 일하지 않으시는 것처럼 보였다. 하박국은 하나님 앞에 나아가 역사가 오랜 그 질문, 우리의 마음을 찢는 그 질문을 여쭈었다. "언제까지이니까, 주님?" "어찌하여 간악과 패역이 유다에 만연하도록 놔두십니까?" 그는 기도한다.

> 여호와여, 내가 부르짖어도 주께서 듣지 아니하시니,
> 어느 때까지리이까?
> 내가 강포로 말미암아 외쳐도 주께서 구원하지 아니하시나이다.
> '어찌하여' 내게 죄악을 보게 하시며,
> 패역을 눈으로 보게 하시나이까?
> 겁탈과 강포가 내 앞에 있고,
> 변론과 분쟁이 일어났나이다.
> 이러므로 율법이 해이하고 정의가 전혀 시행되지 못하오니,
> 이는 악인이 의인을 에워쌌으므로 정의가 굽게 행하여짐이니이다.
>
> (합 1:2-4)

하나님은 하박국이 믿지 못할 일을 행할 것이라고 대답하셨다. 그분이 무엇을 말씀하셨는가?

> 보라, 내가 사납고 성급한 백성 곧 땅이 넓은 곳으로 다니며 자기의 소

유가 아닌 거처들을 점령하는 갈대아 사람을 일으켰나니 그들은 두렵고 무서우며 당당함과 위엄이 자기들에게서 나오며(합 1:6-7).

하박국은 충격에 빠졌다. 하나님의 대답은 더 큰 의문을 만들어냈었다. 유다는 벌을 받아 마땅했지만, '왜' 하나님은 갈대아 사람을 보내어 유다를 벌하시는 걸까? 갈대아 사람은 유다 사람보다 훨씬 더 사악하고 무자비하지 않던가? 하박국의 마음은 무너져내렸다. 말도 안 되는 일이었다. 이 따위 계획이 대체 뭐란 말인가? 어린애조차도 더 나은 계획을 세울 수 있겠는걸!

하박국의 좌절감을 이해하기 위해 이 상황을 현대적인 문맥에 도입해 보자. 오늘날 우리는 주변에서 일어나는 온갖 종류의 폭력에 대해 걱정한다. 가장 안전해야 할 가정에서조차 집요하고 악의적이며 지속적인 폭력이 비일비재하게 발생한다. 사회 규범과 법률로 만인에게 실현돼야 할 정의는 특정 계층만의 전유물처럼 희소해져 간다. 그래서 우리도 하박국처럼 왜곡된 현실에서 정의가 마비된 건 아닌지 우려한다. 우리도 하박국처럼 기도를 마치 최후의 수단처럼 붙잡고 있다. "언제까지입니까, 주님? 왜 이런 악이 만연하도록 내버려두십니까? 당장 조치가 필요합니다, 하나님!"

그런데 하나님이 "보고 또 보고 놀라고 또 놀랄지어다! 너희 생전에 내가 한 일을 행할 것이라. 혹이 너희에게 고할지라도 너희가 믿지 아니하리라. 보라, 내가 사납고 성급한 백성 곧 친척들을 기름으로 불태우고 너희 땅을 점령할 급진 테러리스트들을 일으켰나니"라고 대답하신다고 상상해 보라.

우리는 아마도 "죄송합니다만, 하나님, 우리가 잘못 이해한 게 맞겠죠? 그런 자들을 보내 우리를 심판하시겠다니요. 우리가 잘한 건 아니지만 그 사람들에게 해악을 당할 정도는 아니라고요."

우리는 기겁할 것이다. 하박국도 그렇게 느끼지 않았을까.

갈대아인에 대한 평판을 아는 사람이면 누구나 큰 좌절감을 경험했을 것이다. 하박국 1장 6-11절에 보면, 그들은 사납고 성급하며 남에게 속한 물건을 포획하는 자들이었다. 공포스런 존재들이다. 그들의 권위와 정의는 자기를 기준으로 말미암았다. 그들은 먹이를 움켜쥐려 하는 독수리와 같이 빨리 달려오는 기병이었다. 그들은 다 강포를 행하러 왔으며 모래처럼 많은 사람을 사로잡았다. 그들은 열왕을 멸시했고 모든 견고한 성을 비웃었으며 스스로의 힘을 신으로 삼았다. 하박국이 이해하지 못한 것도 놀라운 일이 아니었다. 하지만 그는 통곡하는 대신 하나님의 성품, 즉 하나님의 거룩함과 의로움에 호소해 "왜?"라고 "그것은 공의롭지 못합니다!"라고 물었다.

여호와 나의 하나님, 나의 거룩한 이시여,
주께서는 만세 전부터 계시지 아니하시니이까?
우리가 사망에 이르지 아니하리이다.
…'어찌하여' 거짓된 자들을 방관하시며
악인이 자기보다 의로운 사람을 삼키는 데도 잠잠하시나이까?

(합 1:12-13)

하박국은 이런 질문 후에 이렇게 말했다. "내가 내 파수하는 곳에 서며 성루에 서리라. 그가 내게 무엇이라 말씀하실는지 기다리고 바라보며 나의 질문에 대하여 어떻게 대답하실는지 보리라"(합 2:1). 하박국은 하나님이 자기의 질문에 어떻게 응답하시는지를 듣고자 기다렸다.

하나님은 옛날에는 우리에게 말씀하셨지만 오늘날에는 그렇게 하지 않으신다고 믿는 사람들이 있다. 나는 그렇게 생각하지 않는다. 오히려 우리 편에서 듣고자 기다리지 않는다는 주장이 더 참되다.

우리는 하박국이 얼마나 기다렸는지 모르지만 하나님이 그에게 응답하셨다는 것은 확실히 안다.

> 여호와께서 내게 대답하여 이르시되,
> 너는 이 묵시를 기록하여 판에 명백히 새기되,
> 달려가면서도 읽을 수 있게 하라.
> 이 묵시는 정한 때가 있나니,
> 그 종말이 속히 이르겠고, 결코 거짓되지 아니하리라.
> 비록 더딜지라도 기다리라.
> 지체되지 않고 반드시 응하리라.
> 보라, 그의 마음은 교만하며 그 속에서 정직하지 못하나
> 의인은 그의 믿음으로 말미암아 살리라(합 2:2-4).

하나님은 하박국이 들은 내용, 곧 갈대아인들이 올 것이란 말씀이

거짓되지 않으리라는 사실을 거듭 확인해 주셨다. 하지만 하박국은 믿음으로 말미암아 살 것이다. 동일한 문장이 신약에서 세 번 반복된다. "오직 의인은 믿음으로 말미암아 살리라"(롬 1:17, 갈 3:11, 히 10:38). 즉 하나님은 '왜'를 설명하지 않으셨다. 그 대신, 하나님은 하박국에게 온통 '왜'를 묻고 싶은 상황에서도 하나님을 믿으라고 말씀하셨다. 하박국은 그가 이해하지 못한 것, 그가 볼 수 없는 것에 대해 하나님을 신뢰하게 되었다. 그는 하나님과 함께 어둠속을 걷게 되었다.

인간적인 관점에서 볼 때, 하나님의 응답은 우리를 좌절하게 만든다. 우리는 '왜'에 대한 답을 듣기 원한다. 하나님은 스스로의 판단을 우리에게 설명하셔야 마땅하다고 여긴다. 하나님은 그렇게 하실 때도 있지만, 그러지 않으실 때가 대부분이다. 하나님은 하나님이시므로 스스로를 설명하실 필요가 없으시다. 우리가 하나님을 완벽하게 이해할 수 있다면, 하나님은 하나님이 아니다. 하나님이 우리에게 '왜'에 대해 말씀하지 않으시면, 우리는 대답을 얻기 위해 천국에 갈 때까지 기다려야 한다.

하박국은 이것을 깨달았다. 비록 자기가 원하는 답을 얻지 못했지만, 하박국은 하나님의 하나님 되심을 확인했다. 하박국은 영혼으로는 하나님을 찬양했지만, 사실 그의 몸은 꼼짝 못한 채 두려움에 떨었다! "내가 들었으므로 내 창자가 흔들렸고, 그 목소리로 말미암아 내 입술이 떨렸도다. 무리가 우리를 치러 올라오는 환난 날을 내가 기다리므로 썩이는 것이 내 뼈에 들어왔으며 내 몸은 내 처소에서 떨리는도다"(합 3:16).

뼈가 썩고 있다고 말할 정도의 고통 속에서, 영혼의 고뇌 속에서, 그는 떨고 있다! 이 말이 나에게 용기를 준다. 내 영혼은 신뢰하려 하지만 내 몸으로는 반항할 때가 있기 때문이다. 비록 육체는 떨고 있을지라도, 하박국은 (내가 믿기에) 성경에서 가장 아름다운 믿음의 고백을 했다.

> 비록 무화과나무가 무성하지 못하며,
> 포도나무에 열매가 없으며,
> 감람나무에 소출이 없으며,
> 밭에 먹을 것이 없으며,
> 우리에 양이 없으며,
> 외양간에 소가 없을지라도,
> 나는 여호와로 말미암아 즐거워하며,
> 나의 구원의 하나님으로 말미암아 기뻐하리로다.
> 주 여호와는 나의 힘이시라.
> 나의 발을 사슴과 같게 하사
> 나로 나의 높은 곳에 다니게 하시리로다(합 3:17-19).

이 얼마나 놀라운 하나님에 대한 믿음의 선언인가! 하박국은 비록 극심한 빈곤으로 이끌려가더라도 기뻐할 것이다. 비록 (먹을 것과 마실 것을 제공해 주는 작물과 가축을 포함하여) 모든 것을 빼앗기더라도 그의 힘이 되신 여호와를 신뢰할 것이다. 그의 말은 문자 그대로 "나는 주 안에서 기쁨으로 뛰놀리라. 하나님을 인해 기쁨으로 춤추리라"[2]는 뜻이다. 최악의 환경에서 최고로 즐거워하는 것이다.

하박국은 어떤 과정을 거치며, 의심의 탄원을 멈추고 믿음의 노래를 부르게 되었을까?

- 그는 하나님께 정직하게 자기의 의심을 말했다.
- 그는 하나님을 기다리기로 결심했다.
- 그는 어둠 속에서 하나님을 신뢰하기로 결단했다.

나는 까다로운 집주인 때문에 고생했던 일 년을 당신에게 나누었다. 독일로 이사하고 아이들을 기독교 학교에 보낸 그 해는 힘들었지만, 사실 그 다음 해만큼은 아니었다. 하박국의 짐은 '민족과 나라의 영적 안위에 대한 짐이었던 반면, 나의 짐은 보다 사적인 것이었다.

### 나의 굴곡진 상황

비엔나는 자녀를 양육하기에 좋은 환경은 아니있다. 우리가 독일에서 다시금 비엔나로 이사했을 때, 우리 아이들은 초등학생이었다. 식료품 가게에 들른 첫 날, 아들 토미가 음반 겉표지에 붙어 있는 전신 나체 사진을 가리키며 말했다. "엄마, 저것 좀 봐요!" 나는 보고 싶지 않았고 아들이 보게 하고 싶지도 않았다!

오스트리아에서 성매매는 합법이었다. 나는 기차역에 손님을 마중 나가기 위해 아이들을 태우고 중심가를 지나가던 날을 기억한다. 여자들이 이상한 옷(이건 완곡한 표현이다)을 입고 도로 모퉁이에 서 있었다. 우리가 운전해 갈 때, 딸 조이가 그들을 세고 있었다. "열아홉, 스물, 스물하나 … 엄마! 보세요, 저 여자가 누군가를 붙잡았어요." 나는 속이 불편해졌다. 나체와 성매매는 아이들을 위한 내 계획에 포함된 적이 없었다. 비록 이런 몇몇 문제들이 있긴 했지만, 나는 내가 어느 정도 아이들을 보호할 수 있으리라 생각했다.

아이들이 십대가 되었을 때, 나는 그들을 보호하는 데 더 어려움을 겪었다. 미국 학교에 다니는 선교사 가정에는 4명의 십대 소녀들이 있었다. 우리 엄마들은 그들이 서로를 격려하고 붙들어줄 수 있음에 감사했다. 좋은 상황처럼 들리지만 사실은 그렇지 않았다. 압력은 지독했다. 오스트리아에서 합법적인 음주 연령은 15세였다. 맥도날드에서는 햄버거와 감자튀김과 함께 맥주를 팔았다. 모든 수영장과 다뉴브 강변은 상의를 벗는 게 허용되었기 때문에 십대 아이들에게 수영장 가는 것을 허락하지 않았다. 아이들이 나체가 나오는 영화도 보지 못하게 하는데, 어떻게 더 가까이에서 나체를 보게 내버려둘 수 있겠는가?

엄마들과 나는 십대인 소녀들이 그들에게 가치 있는 소중한 것들을 지켜갈 수 있도록 매주마다 기도했다. 그 무렵, 우리는 한 엄마의 딸이 압박감 때문에 거식증으로 고생하는 걸 보았다. 결국 그 가정은 십대 자녀를 둔 다른 가정과 함께 미국으로 돌아갔다. 조디와 나는 어떻게 해야 할지 몰랐다. 십대 자녀를 두었다는 이유만으로 선교지를 떠나야 한다는 것은 받아들일 수 없었다. 우리는 동유럽 사역의 제단 위에 우리 아이들을 희생시킬 준비가 되어 있지 않았다. 여름을 지나면서 우리는 하나님의 지혜를 구하고자 우리끼리 몇 주간 캠프를 떠났다. "우리 아이들을 이런 환경에 남겨둬야 하나요? 미국으로 돌아가야 하나요? 도와주세요, 하나님!"

일주일간 기도했지만 우리는 여전히 어떻게 해야 할지 몰랐다. 하나님이 벽에 글씨를 써서 말씀해 주신다면 좋았겠지만, 어떤 글씨도, 그 어떤 '좋은 느낌'도 나타나지 않았다. 나는 조디에게 그가 결정해야 한다고 말했다. 나는 나의 생각을 믿기엔 너무 감정적인 사람이 되어 있었다. 조디는 우리 아이들을 하나님께 맡기고 동유럽에 남아 사역해야 한다고 결정했다. 나는 무서웠다. 그 역시 마찬가지였다.

집에 돌아오고 한 시간 뒤, 전화벨이 울렸다. 미국으로 떠난 엄마 중 하나였다. 그녀는 오스트리아에 돌아가지 않을 거라고 했다. "린다, 우리 교회 장로님들이 비엔나에서 딸이 겪은 일을 듣더니, 거기로 돌아가지 말라고 하네요. 남편은 귀국 짐을 싸러 돌아가고 있어요."

나는 전화를 끊고 나서 기도했다. "죄송해요, 하나님. 우리는 기도했고, 당신이 우리 딸을 이런 환경에 두기를 원하신다고 생각했어요. 저들도 기도했는데, 모든 가정들이 떠날 거라고 하네요! 무서워요. 하지만, 주님, 여기 남아서 당신을 위한 선교사역을 하겠어요. 주님께 오직 한 가지만 간구합니다. 아이를 지켜주세요."

다음 몇 달 동안, 나는 내 아이가 침체 때문에 무너지고 넘어지는 것을 지켜봤다. 수학에서 A를 받던 뛰어난 학생이었던 아이가 어느 날 F를 받았다. 뭔가 잘못된 게 틀림없었다. 항상 웃던 아이가 웃지 않았다. 내 딸이 추락하자 나도 추락했다.

봄이 되기까지 나는 육체적으로, 감정적으로, 영적으로도 내 인생의 바닥을 경험했다. 나는 가장 소중한 보물을 하나님께 맡겼는데 하나님은 나를 바닥으로 보내신 것 같았다. 그 때, 텍사스에서 온 어느 사업가가 "이 사역은 내가 다른 국가에서 봐온 것 중에 가장 흥미진진하군요"라고 말했다. 나는 '하지만 어떤 대가를 지불했는지 보세요!'라고 소리지르고 싶었다. 만약 비행기가 우리 집 뒷마당에 착륙할 수만 있다면, 당장이라도 아이들을 태워 보내고 싶었다. 나는 진심으로 하나님을 의심해본 적은 결코 없다고 생각했었다. 하지만 이제 나는 질문들에 포위되었다. 나는 하나님의 선하심과 그분의 주권을 의심하고 있었다. 나는 성경을 열 수 없었다. 성경은 약속들로 가득했지만, 나와 내 아이에게는 적용되지 않는 것 같았다.

하루는 조디가 내게 말했다. "하나님께 영생의 말씀이 있는데, 우리가 어디로 갈 수 있을까?" 나는 마음으로 그가 옳다는 걸 알았다. 나는 "내가 이해할 수 없는 환경 때문에 하나님을 판단하려는 걸까? 아니면 하나님의 성품에 비추어 환경을 받아들이려 하는 걸까?"라고 자문하기 시작했다. 나는 성경을 펼쳐서 하박국을 연구하기 시작했다. 오, 그의 질문들이 나와 똑같잖아! 나는 읽고 또 읽었다. 나는 내 모든 질문들을 하나님께 여쭙고 하나님의 응답을 기다리기 위해 성루에 서야 한다는 걸 깨달았다.

하나님은 내게 '왜'를 말씀해 주지 않으셨다. 나는 이땅에서 사는 날 동안에는 '왜' 숱한 사건들이 그런 식으로 발생했는지 결코 알지 못할 것이다. 나에게 주신 하나님의 대답은 하박국에게 주신 대답과 같았다. "오직 의인은 그 믿음으로 말미암아 살리라." 나는 내가 볼 수 없는 때조차도 믿어야 한다는 걸 안다. 그렇지 않으면 그건 믿음이 아니다. 내가 이해하지 못하는 것, 나에게는 말이 안 되는 것에 대해서도 하나님을 신뢰해야 한다. 나는 하나님의 손을 꼭 잡고 하나님과 함께 어둠 속을 걸어야 한다.

나는 성경을 움켜쥐고 종이와 펜을 들고 발코니에 나갔다. 사과나무들이 꽃을 활짝 피웠고, 그 향기가 압도할 만큼 사랑스러웠다. 그때가 10년 전이었지만, 나는 어제 일처럼 기억할 수 있다. 하박국 3장 17-19절 옆에 날짜를 적어두었기 때문에 날짜까지 알고 있다. 나는 이 아름다운 믿음의 선포를 나의 것으로 만들었다. 나도 하박국처럼 떨고 있었다. 나는 다음과 같이 적으면서 속이 울렁거리는 걸 느꼈다.

- '비록' '왜'를 결코 이해하지 못할지라도,
- '비록' 내 딸의 웃음을 다시는 못 볼지라도,
- '비록' 그 아이가 잘못된 선택을 할지라도,
- '비록' 내 마음의 고통이 영원히 사라지지 않을지라도.

… 그럼에도 나는 여호와를 인하여 즐거워할 것이다. 나의 구원의 하나님을 인하여 기뻐할 것이다. 주 여호와는 나의 힘이시다. 그분이 나의 발을 사슴과 같게 하사 나로 나의 높은 곳에 다니게 하실 것이다.

어둠 속에서 신뢰하기로 한 결단은 내 치유의 시작이었다. 나는 눈을 들어 환경이 아닌 주권자 하나님을 보았다. 그분은 여전히 만물의 복되신 통치자셨다.

### 그럼에도 하나님을 신뢰하려는가?

삶에는 번영의 때와 역경의 때가 있다. 곧은 때와 굴곡진 때가 있다. 마음이 무거운 짐으로 눌릴 때, 당신은 하나님을 앙망하는가? 당신은 모든 권세를 가지신 하나님을 인정하는가? 당신은 하박국처럼 "의인은 믿음으로 말미암아 살리라"고 말할 수 있는가? 우리 모두는 하나님이 하시는 일은 볼 수 없고, 심지어 하나님이 우리 기대와 다른 말씀을 하시는 것 같을 때에도 사그라지지 않는 믿음이 필요하다. 그래서 우리는 "그럼에도 당신을 신뢰할 것입니다"라고 말한다.

나는 당신의 '비록'을 모른다. '비록' 내 부모가 결코 나를 이해하지 못하고 지지하지 않을지라도… '비록' 내가 그 사람의 사랑을 얻지 못할지라도…'비록' 내가 사랑하는 사람이 나를 실망시킬지라도…'비록' 내가 탈진할지라도…'비록' 내가 고통 중에 있을지라도…'비록' 내 아이가 그리스도에게서 멀어진다 할지라도….

'비록, 비록, 비록…' 그럼에도 나는 여호와 하나님을 신뢰할 것이다. 하나님은 나의 힘이시다.

## 독자에게 보내는 편지

나의 소중한 친구에게

당신이 내 친구가 된 것 같군요. 우리는 이 여정에서 함께 걸어왔잖아요. 나는 내가 무엇을 배워야 했는지, 하나님이 나를 어디로 데려가시는지를 당신과 나누었습니다. 당신도 용기를 얻어 만족을 찾아 떠나는 여정을 계속하길 기도할게요!

  오늘 아침 시편 84편을 다시 읽어보았답니다. 시편 84편은 오랫동안 내가 즐겨 묵상하는 말씀이지요. 이 말씀을 다시 읽을 때마다 나는 마음의 평온을 찾아 떠나는 여정을 생각해요. 시편 84편은 당신과 나와 같이 순례자의 길에 오르기로 마음먹은 사람에 관해 말하고 있거든요. '순례자'란 '성소를 향해 가는 사람'이에요. '만족'이 곧 성소이지요. 이 시편에 의하면, 그 사람은 하나님께 힘을 얻었기에 복이 있답니다. 그가 눈물 골짜기를 지날 때 그곳은 생명의 샘으로 바뀌죠

(5-6절). 당신도 만족이라는 샘에 도달하기를 기도합니다.

개인적으로, 나의 여정은 상황의 통치권을 하나님께 넘겨드리는 순례의 길이었어요. 내 삶에서 하나님이 얼마나 복되신 통치자인지를 보여주시기 위해, 하나님은 나의 지배 도구들을 하나씩 제거하셔야 했죠. 나는 마치 운전석에서 내려와 자동차의 뒷좌석에 앉아 있는 것 같았어요. 나는 핸들을 왼쪽으로, 오른쪽으로 돌렸지만, 사실 내 핸들은 무엇과도 연결되어 있지 않다는 걸 알지 못했습니다. 어느 날 나는 위를 쳐다보고 깨달았답니다. 운전자는 내가 아니었다는 것을요.

결국 나는 비록 내가 운전대를 잡고 있는 것 같아도 통제권을 포기할 수 있다는 걸 알았습니다. 나의 운전자가 전적으로 다스리고 계시죠. 그분은 항상 그 길에 계셨습니다. 그분은 길을 잘 아시죠. 내 모든 내일들, 즉 달려가는 길의 맨 끝을 앞서서 보시죠. 나는 운전자 되시는 그분과 자리를 바꾸고 편안히 앉아 쉬는 겁니다. 그리고 여행을 즐기죠. 나의 초점은 내가 어디로 가고 있는가에서 '그분'께로 옮겨졌어요.

솔직히 순례의 길에 갓 올랐을 때에는, 나도 언젠가는 사도 바울처럼 "어떠한 형편에든지 내가 자족하기를 배웠다"(빌 4:11)고 선포할 수 있으리라 생각했어요. 이제는 하나님과 나 사이에 마음속 깊은 곳에서 비밀스럽게 이루어진 결심들이 만족의 중요한 부분이라는 걸 알게 되었어요. 20년간 평온한 마음을 찾아 다닌 결과, 바울의 말이 진리라는 게 분명해졌습니다. "내게 능력 주시는 자 안에서 내가 모든 것을 할 수 있느니라. 즉, 나는 끊임없이 내게 힘을 불어넣으시는 자 안에서 모든 것을 긍정적으로 맞이한다"(빌 4:13 참조)라는 바울의 고백은 내가 말하는 만족의 핵심입니다.

내가 처음부터 끝까지 당신과 나누고 싶었던 것은 "우리의 만족은 위대하고 전능하며 거룩하신 왕, 하나님께 엎드리는 것"이라는 진리입니다. "하나님은 복되시고 유일하신 주권자이시며 만왕의 왕이시며 만주의 주시요"(딤전 6:15). 하나님은 우리의 상황, 은사, 능력, 소유, 역할, 관계의 복이 되시는 통치자이십니다. 우리는 하나님께 모든 것을 맡김으로써 하나님의 주권을 인정하는 거죠. 우리가 이해하지 못한 것, 볼 수 없는 것, 말이 안 통하는 것까지 모두 말이에요. 하나님만을 신뢰할 때, 우리는 우리의 분깃과 잔을 겸손히 받아들일 수 있습니다(시 16:5). 우리는 하나님이 과거에 허락하신 것과 오늘 허락하신 것을 받아들이고, 우리의 모든 내일들을 하나님께 드립니다. 우리 안에 겸손이 자라나 하나님은 평생에 사랑스런 통치자가 되십니다.

우리가 모든 일에서 하나님을 신뢰하게 될 정도로 성장할 때, 우리 만족은 그 자체가 예배가 됩니다. 참 아름다운 모습 아닌가요! 내가 좋아하는 어느 작가는 "우리가 설교를 들을 때나 매일 30분씩 기도할 때보다 '만족'할 때 하나님을 더욱 예배한다"고 했습니다. 물론 설교를 듣고 날마다 열심히 기도하는 것 역시 하나님께 드리는 예배의 하나이지만 모두 외적인 것들이죠.[1] 비록 겉으로 잘 드러나지 않지만, 하나님을 향한 우리의 가장 진실한 영적 예배는 하나님이 주신 것에 만족하고, 모든 것에 감사하는 거예요. 우리가 우리 삶을 향한 하나님의 계획과 목적에 겸손히 순종할 때, 그것이 바로 예배가 되는 겁니다. 우리의 삶 자체가 말 그대로 하나님께 드리는 예배가 될 수 있다는 사실을 잊지 말고 매순간 묵상하면 참 좋겠습니다.

우리의 상황과 관계와 재정 등 온갖 질문들을 하나님께 내려놓고, 과거를 불평하거나 미래를 염려치 않을 때, 또한 우리의 내일이 하나님의 보호하심 안에 있음을 받아들일 때, 우리는 매일 아침 자유롭게 일어나 "하나님, '오늘'을 선물로 주셨네요. 오늘 주님을 어떻게 영화롭게 할지 보여주세요"라고 말할 수 있습니다.

오늘 하루 동안 하나님을 신뢰하며 '만약'과 '왜'의 짐에 눌리지 않을 때, 당신의 마음은 평강으로 둘러싸일 것입니다. 그때는 하나님의 보호하심을 바라는 기도를 하게 됩니다. 내일은 하나님의 것이기에 당신은 자유롭게 되지요! 하나님께서 당신을 채우실 것이기 때문이에요. 하나님이 당신의 만족이 되어주실 겁니다. 그로부터 얻어지는 자유함은 당신의 시선을 돌려 다른 이들과 그들의 필요에 집중하게 만듭니다. 하나님이 당신의 삶으로 이끄신 사람들을 사랑하고 섬길 수 있게 해주죠. 하나님이 당신 안으로 들어오셨기에 당신은 밖으로 뻗어갈 수 있는 겁니다.

자기 삶에서 만족을 누리는 사람의 모습을 그려보세요. 당신도 그런 사람을 알고 있을 거예요. 그에게는 사랑, 희락, 화평, 오래 참음 등 성령의 열매가 있습니다. 그리고 '만족'이라 불리는 면류관이 마음속에 자리합니다. 그의 만족은 관계나 상황이나 재정 등에 의존하지 않지요. 이런 사람이야말로 우리가 닮기를 갈망하는 사람이요, 일상에서 보기 드문 보화입니다.

이런 만족에 대한 이야기가 있습니다.

오랫동안 고통스런 병을 앓던 어느 나라의 왕이, 자신의 병을 고치려면 '만족'을 누리는 사람의 외투를 얻어 밤낮으로 입는 것이라는 얘길 들었다. 그래서 그런 사람을 찾아 외투를 가져오라는 명령을 받은 전령들이 왕의 영토 전역에 파견되었다. 수개월이 지났다. 나라를 샅샅이 뒤진 후 전령들이 외투 없이 돌아왔다.

"내 영토에서 만족을 누리는 사람을 찾아냈느냐?" 왕이 물었다.

"예, 폐하, 찾았습니다. 전국에 딱 한 사람이 있었습니다."

"그런데 왜 그의 외투를 가져오지 않았느냐?" 왕이 따지고 물었다.

"폐하, 그 사람에게는 외투가 없었습니다."[2]

이제껏 우리는 모든 일에 만족할 수 있는 사람이 되기 위한 여정을 함께 해왔습니다. 내 친구여, 우리의 마음이 평안하고 믿음으로 가득해서 이렇게 말할 수 있었으면 좋겠습니다.

주님은 나의 평화이십니다. 나는 불안 속에 살지 않겠습니다. 그분이 나를 만족의 날개 아래 놓으시고 나의 영혼을 평안케 하십니다. 그분이 내 모든 불안을 자기에게로 취하시고, 그분께 초점을 맞추도록 도우십니다. 그렇습니다. 내가 비록 불확실성이 크고 격렬한 염려의 시기를 지난다 할지라도 초조해 하지 않으렵니다. 주님이 내 평화이시기에…. 이제 주님의 말씀과 주님의 임재가 나를 평온케 합니다. 주님이 나의 불확실함들을 손에 쥐고 계십니다. 불안한 내 마음을 달래십니다. 주름진 내 미간을 펴십니다. 정녕 주님의 평안과 신뢰가 내 평생의 나날들을 채우실 것입니다. 그리고 내 마음은 영원히 주님에게 머물러 있을 것입니다.[3]

# 미주

### 1장 만족을 찾아 떠나는 여행
1. Mary Wilder Tileston, *Daily Strength for Daily Needs* (London, England: Messrs. Samson, Lowe and Co., 1928), p.144. (『하루를 살아가는 힘』 두리반)
2. Paul Lee Tan, *Encyclopedia of 7700 illustrations* (Rockville, MD.: Assurance Publishers, 1979), pp.272-273.
3. Charles D. Kelly, "Miracles of contentment", *Discipleship Journal* 11/12, 1987, p.32.
4. Kenneth Wuest, *Philippians in the Greek New Testament* (Grand Rapids: Eerdmans, 1948), p.114.
5. J. I. Packer, "Secrets of contentment", 휘튼 대학에서의 강연, Wheaton, IL, 1984년 2월 27일.
6. Elisabeth Elliot, 〈엘리자베스 엘리엇의 소식지〉(1995년 3/4월호), p.1.
7. Charles E. Cowman, *Streams in the Desert* (Grand Rapids: Zondervan, 1925), p.108.

### 2장 만족하지 못하는 것 : 환경
1. Linda Dillow, *How to Really Love Your Man* (Nashville: Nelson, 1993), p.131에서 개작했다. (『준비된 결혼 준비된 배우자』 홍성사).

### 3장 만족하지 못하는 것 : 나
1. 이 시편에 대한 좋은 논문을 원한다면, John F. Walvoord와 Roy B. Zuck, The Bible Knowledge Commentary (Wheaton, IL.: Victor, 1985), (『BKC 강해주석 시리즈』 두란노); C. H. Spurgeon, *The Treasure of David*, 제3권 (Grand Rapids: Zondervan, 1966), p.162 (『스펄전 설교전집 10: 시편 3』 생명의말씀사)를 보라.
2. James Huffstetler, "On Knowing Oneself", *Banner of Truth* 280호 (1987년 1월호), p.13.

3. J. R. Miller, "Finding One's Mission", *Silent Times* (Swengel, PA.: Peiner Publications, n.d.), p.2에서 인용.
4. Jerry Bridges, *Trusting God: Even When Life Hurts* (Colorado Springs, CO.: NavPress, 1988), pp.165-166. (『하나님을 의뢰함』 네비게이토).
5. Bridges, 위의 책, p.166.
6. Edythe Draper, *Draper's Book of Quotations for the Christian World* (Wheaton, IL.: Tyndale, 1992), p.1825.
7. Charles E. Cowman, *Streams in the Desert*, p.271의 우화를 개작했다.
8. George Macdonald, *Unspoken Sermons* 제3권 (London: Longmans, Green, and Co., 1981, p.6). (『전하지 못한 설교』 홍성사)
9. Barbara Mouser, *Five Aspects of Woman* (Mountlake Terrace, Wash.: WinePress Publishing, 1992), p.15.
10. Charles E. Cowman, *Streams in the Desert* (Grand Rapids: Zondervan, 1966), p.235.

4장 만족하지 못하는 것 : 내 역할
1. 이 이메일의 뼈대는 Leola Floren의 원작을 허락을 받고 재구성한 것이다.
2. Elisabeth Elliot, *Loneliness* (Nashville: Nelson, 1988), pp.33-39.
3. Elisabeth Elliot, 위의 책, pp.40-41.
4. Larry Crabb, *The Marriage Builder* (Grand Rapids: Zondervan, 1982), p.50. (『결혼건축가』 두란노).

5장 만족하지 못하는 것 : 관계
1. *USA TODAY* 1997년 1월 6일, p.1.
2. Charles R. Swindoll, *Growing Strong in the Seasons of Life* (Portland, OR.: Multnomah, 1983), p.248.
3. Swindoll, 위의 책, p.249.
4. Philip Yancey, "An Unnatural Act", *Christianity Today* (1991년 4월 8일), p.39.
5. Yancy, 위의 책, p.36.
6. Luis Palau가 Experiencing God's Forgiveness라는 설교에서 Clara Barton을 인용함.

## 6장 만족의 방해물 : 욕심

1. Ricahrd Swenson, MD, *Margin* (Colorado Springs, CO.: NavPress, 1992), p.164. (『여유』부글북스).
2. 〈USA TODAY〉, 1996년 11월 22일, sec. A, p.8.
3. Dave Ramsey와의 인터뷰, *PEOPLE*, 1997년 2월 17일, pp.69-70.
4. A. W. Tozer, *The Pursuit of God* (Harrisburg, PA.: Christian Publications, 1948), p.22. (『하나님을 추구함』 생명의말씀사).
5. Michael P. Green, *Illustrations for Biblical Preaching* (Grand Rapids: Baker, 1982), p.121.

## 7장 만족의 방해물 : 잘못된 초점

1. Ricahrd Swenson, MD, *Margin* (Colorado Springs, CO.: NavPress, 1992), p.157, (『여유』부글북스).
2. Phyllis Stanley, "Living Purposely", Colorado Springs, CO., 1997.
3. Charles R. Swindoll, "Who Gets the Glory?"(Northwest Bible Church, Dallas, TX.).
4. Iain H. Murray, *Jonathan Edwards: A New Biography* (Carlisle, PA.: Banner of Truth Trust, 1987), pp.42-44. (『조나단 에드워즈 삶과 신앙』 이레서원). 그는 70개의 결심문을 만들었다.
5. Elisabeth Elliot, *Let Me Be a Woman* (Wheaton, IL.: Tyndale, 1976), p.10.
6. Phyllis Stanley의 개인적인 인터뷰.
7. Jean Fleming, *Finding Focus in a Whirlwind World* (Fort Collins, CO.: Treasure, 1991), p.37.
8. Jean Fleming과의 인터뷰. 그리고 *Finding Focus in a Whirlwind World*, pp.40-42을 보라.
9. Ney Bailey의 개인적인 인터뷰.
10. Ney Bailey가 Elisabeth Ellito이 했던 기도를 들었다.
11. Mimi Wilson과의 개인적인 인터뷰.
12. Ron Mehl, "A Place of Quiet Rest," *Discipleship Journal* (1997년 5/6월호), p.24.

8장 만족의 방해물 : 염려

1. Mrs. Charles E. Cowman, *Streams in the Desert* (Grand Rapids: Zondervan, 1925), p.118.
2. Frank Minirth, M.D., Paul Meier, MD, 그리고 Don Hawkins, ThM, *Worry-Free Living* (Nashville: Thomas Nelson, 1989), p.17.
3. Minirth 외, 위의 책, p.28.
4. Paul Lee Tan, *Encyclopedia of 7700 Illustrations* (Rockville, MD.: Assurance Publishers, 1979), pp.1648.
5. Kenneth Wuest, *Word Studies in the Greek New Testament* 제1권 (Grand Rapids: Eerdmans, 1980).
6. Frank S. Mead가 Bishop Fulton J Sheen, *12,000 Religious Quotations* (Grand Rapids: Baker, 1989), p.478에서 인용함.
7. Oswald Chambers, *My Utmost for His Highest* (New York: Dodd, Mead & Co.,1935), 5월 23일자 도입 부분. (『주님은 나의 최고봉』토기장이).
8. George MacDonald, *Annals of a Quiet Neighborhood* (Philadelphia: David McKay, n.d.), p.203.
9. Mrs. Charles E. Cowman, *Streams in the Desert* (Grand Rapids: Zondervan, 1925), p.23.
10. James Montgomery Boice, *The Sermon on the Mount* (Grand Rapids: Zondervan, 1972), p.257.

9장 믿음 : 모든 것의 기초

1. Amy Carmichael, *You Are My Hiding Place: Devotional Readings* David Hazard 편 (Minneapolis: Bethany House, 1991), p. 10.
2. Ney Bailey, *Faith Is Not a Feeling* (Orlando, FL: Campus Crusade for Christ, 1979), p. 23.
3. Oswald Chambers, *My Utmost for His Highest* (New York: Dodd, Mead & Co.,1935). (『주님은 나의 최고봉』토기장이).
4. Mrs. Charles Cowman, *Streams in the Desert* (Grand Rapids: Zondervan, 1925), p. 180.
5. Cowman, pp. 377-378.

10장 앞으로 닥칠 일에 대해 하나님 신뢰하기

1. Eugenia Semyonovna Ginsburg, *Journey into the WhirlWind* (New York: Harcourt Brace, 1975), p.16.
2. Bill Hull, *Anxious for Nothing* (Old Tappan, NJ.: Revell, 1987), pp.86-87.
3. Ellisabeth Eillot, *Keep a Quiet Heart* (Ann Arbor, MI.: Servant, 1995), p.147에서 H. E. 매닝의 글을 인용했다.
4. Dale Carnegie, *How to Stop Worrying and Start Living* (New York: Simon & Schuster, 1944), pp.16-23.
5. Ellie Busha가 *Ageless Inspirations* (Ventura, CA.: Evergreen Communications, Inc., 1990), p.31에서 Reinhold Niebuhr를 인용함.

11장 이미 벌어진 일에 대해 하나님 신뢰하기

1. Max Lucado, *In the Eye of the Storm* (Dallas: Word, 1991), pp.144-147.
2. Isobel Kuhn, *Green Leaf in Drought* (OMF Books, 1958), pp.40-42. (『가뭄에도 푸른 잎』OMF).
3. Michael P. Green, *Illustrations for Biblical Preaching* (Grand Rapids: Baker, 1982), p.388.

12장 이해되지 않아도 하나님 신뢰하기

1. Myrna Alexander, *Behold Your God: A Woman's Workshop on the Attributes of God* (Grand Rapids: Zondervan, 1978), p.29.
2. J. Sidlow Baxter, *Explore the Book* 제4권 (Grand Rapids: Zondervan, 1964), p.212.

독자에게 보내는 편지

1. Jeremiah Burroughs, *The Rare Jewel of Christian Contentment* (Carlisle, PA.: The Banner of Truth Trust, 1979), p.23.
2. Paul Lee Tan, *Encyclopedia of 7700 Illustrations* (Rockville, MD: Assurance Publishers, 1979), pp.272-273.
3. 시편 23편에 대한 의역, 내 친구 Judy Booth의 글.